GELD VERDIENEN MIT KRYPTOWÄHRUNGEN

Grundlagen und praktische Leitfäden zum Investieren in Bitcoin und Co.

W0220920

Erste Auflage

David Hess, Tim Stöber

Inhaltsverzeichnis

“It is well enough that people of the nation do not understand our banking and monetary system, for if they did, I believe there would be a revolution before tomorrow morning.”

„Würden die Menschen das Geldsystem verstehen, hätten wir eine Revolution noch vor morgen früh.“

– Henry Ford

Disclaimer / Haftungsausschluss

Die Benutzung dieses Buches und die Umsetzung der darin enthaltenen Informationen erfolgt ausdrücklich auf eigenes Risiko.

Die Autoren können für etwaige Unfälle und Schäden jeder Art, die sich beim Besuch der in diesem Buch aufgeführten Orte ergeben (z. B. aufgrund fehlender Sicherheitshinweise), aus keinem Rechtsgrund eine Haftung übernehmen.

Haftungsansprüche gegen die Autoren für Schäden materieller oder ideeller Art, die durch die Nutzung oder Nichtnutzung der Informationen bzw. durch die Nutzung fehlerhafter und/oder unvollständiger Informationen verursacht wurden, sind grundsätzlich ausgeschlossen. Rechts- und Schadenersatzansprüche sind daher ausgeschlossen.

Das Werk inklusive aller Inhalte wurde unter größter Sorgfalt erarbeitet. Die Autoren übernehmen jedoch keine Gewähr für die Aktualität, Korrektheit, Vollständigkeit und Qualität der bereitgestellten Informationen. Druckfehler und Falschinformationen können nicht vollständig ausgeschlossen werden. Es kann keine juristische Verantwortung sowie Haftung in irgendeiner Form für fehlerhafte Angaben und daraus entstandener Folgen von den Autoren übernommen werden.

Für die Inhalte von den in diesem Buch abgedruckten Internetseiten sind ausschließlich die Betreiber der jeweiligen Internetseiten verantwortlich. Die Autoren haben keinen Einfluss auf Gestaltung und Inhalte fremder Internetseiten. Die Autoren distanzieren sich daher von allen fremden Inhalten. Zum Zeitpunkt der Verwendung waren keinerlei illegale Inhalte auf den Webseiten vorhanden.

© D. Hess, T. Stöber

Einleitung

Am 1. April 2017 hat Japan *Bitcoin* (BTC) zu einem legalen Währungsmittel erklärt. Wie sich diese Nachricht auf den Kurs ausgewirkt hat, konnte man selbst in den Mainstream-Medien verfolgen. Seitdem ist die Akzeptanz von Bitcoin in Japan rapide gestiegen. Immer mehr Geschäfte beginnen die Kryptowährung in ihr Zahlungssystem zu integrieren.

Am 1. Juli 2017 hat Australien Bitcoin von der Mehrwertsteuerpflicht befreit und es Interessenten/-innen signifikant erleichtert alltäglichen Handel mit der Kryptowährung zu betreiben. Immerhin beträgt die Mehrwertsteuer in Australien 10%. Weiteren rund 24 Mio. Menschen wird somit größerer Anreiz gegeben, Bitcoin als Zahlungs- oder Investitionsmittel zu benutzen.

Des Weiteren wurden in den USA Anträge auf einen auf Kryptowährungen basierten Fond gestellt. Ein weiterer Fond ist in der Schweiz geplant, welcher Anlagen über die Krypto-Platzhirsche Bitcoin, Litecoin, Ripple und Ethereum aber auch weitere der Top-10 Coins, gemessen an der *Marktkapitalisierung*, verteilen soll.

Die Ereignisse überschlagen sich und Akzeptanz als auch Adoption der Kryptowährungen nehmen merklich zu. Immer mehr Menschen beginnen sich ernsthaft für diese neue Anlageklasse, welche weitaus mehr als nur eine neue Währung darstellt, zu interessieren. Mit Interesse kommen die ersten grundlegenden Fragen auf:

Wie und auf welcher Handelsbörse kann ich eine Kryptowährung erwerben? Handelt es sich nur bei Bitcoin um eine Kryptowährung oder gibt es noch andere? Ist Ethereum genauso zu benutzen bzw. einzustufen wie Bitcoin oder handelt es sich hier vielleicht um weitaus mehr als ein potentielles Zahlungsmittel? Wo kann ich digitale Währungen sicher aufbewahren? Gibt es Coins, die ich besser nicht kaufen sollte?

Soll ich Coins kaufen oder besser *Mining* betreiben? Lohnen sich *Initial Coin Offerings* (*ICO)*? Handelt es sich dabei um reine Kryptowährungen oder sind dies teilweise schon weitere Applikationen auf Grundlage der *Blockchaintechnologie*?

Aus eigener Erfahrung konnten wir erleben, wie frustrierend es sein kann, wenn der Zugang zu der aktuellen Kryptowelt aufgrund fehlendem technischen Know-how scheitert.

Man möchte am liebsten direkt beginnen, die erste Investition tätigen und seine eigenen Bitcoins, Litecoins oder Ether durch Umtausch von *Fiatgeld* erwerben, doch oftmals hält einen die Angst, einen Fehler zu begehen, zurück.

Um es anderen Interessierten zu erleichtern, beschlossen wir ein Buch zu verfassen, das eine möglichst schnelle Aneignung grundlegender Fähigkeiten ermöglicht.

Es wird zu lesen sein, wie man Kryptowährungen erwirbt, wechselt oder sogenanntes Mining betreiben kann. Welche

Handelsplattformen sind seriös? Gibt es möglicherweise Gebühren, die auf anderen Börsen nicht anfallen?

Wie funktioniert der Verifizierungsprozess bei einer Handelsplattform und wie kann ich erworbene Währungen sicher aufbewahren? Vor allem, wie kann man mögliche Gewinne auszahlen lassen und werden dafür Steuern anfallen?

Zusätzlich wird eine Vorgehensweise zur Analyse von Coins beschrieben, um potentielle Risiken abzuschätzen. Hierzu wurden beispielhafte Checklisten erstellt, die nach eigener Recherche ausgefüllt werden können, um das Potential eines Coins zu evaluieren aber auch um sogenannte *Scamcoins*, zu Deutsch "falsche Fünfziger", zu entlarven. Scamcoins stellen Kryptowährungen dar, welche keinen seriösen Hintergrund, manchmal sogar kein reales Entwicklerteam hinter sich haben.

Zwischen den Erklärungen werden interessante Denkanstöße von Krypto-Dave das konzentrierte Lesen und Umsetzen der technischen Aspekte auflockern, um uns den Enthusiasmus der Szene über möglicherweise revolutionäre Transformationen unserer Weltwirtschaft nicht vorzuenthalten.

Bei aller Euphorie sollten aber ebenso potentielle Risiken, die eine Investition mit sich bringen kann, nicht aus der Betrachtung ausgeschlossen werden. Die aktuelle Volatilität kann einen starken Auf- aber einen ebenso schnellen Abwärtstrend verursachen. Kapital, welches lebensnotwendig ist, sollte für diese Form von Investition nicht verwendet werden.

Einleitung

Wie so oft kommt mit einem neuartigen Themengebiet auch eine Menge an neuem Fachjargon und kryptischen Abkürzungen. Um den Einstieg so reibungslos wie möglich zu gestalten, haben wir verwendete Fachbegriffe in unserem Glossar definiert und zum Nachschlagen bereitgelegt.

Kapitel 1: Was sind Kryptowährungen?

Eine Kryptowährung ist ein digitales Zahlungsmittel, basierend auf der Blockchaintechnologie.

Anstatt von einer zentralen Institution (z. B. Bank oder Staat), wird die Währung von einem dezentralen Netzwerk an Teilnehmern und Teilnehmerinnen erzeugt und betrieben. Jede Transaktion von Guthaben von A nach B ist für alle Teilnehmer/-innen transparent einsehbar und wird von diesen validiert. Hierbei wird beispielsweise sichergestellt, dass jeder/jede Teilnehmer/-in auch wirklich nur die Höhe an Guthaben verwendet, die sie besitzen. Nur wenn sich die Mehrheit der Teilnehmer/-innen darauf einigt, dass eine Transaktion valide ist, wird diese auch in das zentrale Orderbuch, die Blockchain, eingetragen.

Die Erzeugung von Kryptowährungen findet über sogenanntes Mining, zu Deutsch "Schürfen von Münzen" statt. Dabei stellen teilnehmende Personen dem Netzwerk Rechenkapazität zur Verfügung, welche u. a. zur Verifizierung von Transaktionen verwendet wird und somit essentiell für die Existenz der Währung ist. Der Großteil an Berechnungen beläuft sich auf kryptografische Funktionen, woher auch der Name "Krypto"-Währung kommt.

Für diesen Beitrag an Rechenleistung werden Beteiligte mit geschürften Münzen der Währung entlohnt, die in regelmäßigen Zeitabständen generiert und ausgeschüttet werden.

Kapitel 1: Was sind Kryptowährungen?

Kryptowährungen sind i. d. R. auf eine bestimmte Stückzahl begrenzt. Im Beispiel von Bitcoin, das an manchen Stellen als digitales Gold bezeichnet wird, beläuft sich die zu schürfende Menge derzeit auf 21 Mio. Stück. Litecoin, welches auch als digitales Silber bezeichnet wird, ist auf eine Stückzahl von 84 Mio. begrenzt.

Ist die maximale Anzahl erreicht, werden die Kontributoren von Rechenleistung mit Transaktionsgebühren, welche für jede Transaktion anfallen, anstatt mit Coins entlohnt. Derzeit liegen diese im Beispiel von Litecoin bei Bruchteilen von Centbeträgen.

Transaktionen können des Weiteren signifikant schneller getätigt werden als bei herkömmlichen Überweisungen und das weltweit über Staatsgrenzen hinweg. Soll von einem Bankkonto aus den USA eine bestimmte Geldsumme nach Europa überwiesen werden, ist es zurzeit tatsächlich schneller sich in ein Flugzeug zu setzen, nach Europa zu fliegen und das Geld persönlich zu übergeben. Die Transaktionsgebühren außen vor gelassen. Will man diesen Prozess beschleunigen, gibt es die Möglichkeit eine Kreditkarte zu verwenden. Wer dieses Zahlungsmittel verwendet ist sicherlich schon über Dinge wie Grundgebühren, Aktivierungs- und Einrichtungsgebühren, Bargeldabhebungsgebühren, usw. informiert worden. Zusätzlich fallen im letzteren Beispiel bis zu 3% an Kosten auf Seiten des Verkäufers an.

Bei Kryptowährungen wie Litecoin wird eine solche Transaktion, durch die Nutzung von digitalen Geldbörsen, sogenannten Wallets, in wenigen Minuten möglich und Gebühren belaufen sich nahezu auf null, unabhängig vom Standort beider Personen. Es spielt keine Rolle, ob man von München nach Berlin oder von Berlin nach Auckland in Neuseeland auf die andere Seite der Welt überweisen möchte.

Es existieren drei wesentliche Prinzipien, die Kryptowährungen von herkömmlichem Fiatgeld unterscheiden:

1. Jeder kann sich am Schürfen bzw. an den Transaktionen der Währung beteiligen.
2. Die Stückzahl ist in den meisten Fällen von Anfang bis Ende auf eine bestimmte Menge begrenzt.
3. Transaktionen laufen dezentral, schneller als bei Fiatgeld und ohne hohe Gebühren ab.

Was sind nun die Konsequenzen dieser drei Hauptmerkmale von Kryptowährungen?

1. Da sich jeder am anfänglichen Schürfen beteiligen kann, hat keine zentrale Stelle wie eine Zentralbank die Möglichkeit den Preis zu manipulieren. Es kann nicht nach Belieben Geld in Umlauf gebracht oder einbehalten werden. Wenn nun alle Coins bis zu ihrer maximalen Zahl geschürft wurden, werden Personen weiterhin für die zur Verfügung gestellte Rechenleistung entlohnt, indem der Transaktionstätigende eine geringe Gebühr bezahlt. Diese Gebühr fließt an den Betreiber und nicht, wie im Falle von Fiatgeld, an eine zentrale Institution. Gab es ein ähnliches Prinzip schon einmal in der Menschheitsgeschichte? In der Tat! Als 1792 im amerikanischen Münzgesetz (The

Coinage Act, [1]) der spanische Peso zur Hauptwährungseinheit erklärt wurde. Hierbei wurde festgelegt, dass ein US-Dollar 10 Dimes bzw. 100 Cents entspricht.
Neben Gold- und Silbermünzen wurde außerdem eine 10 US-Dollar Goldmünze von 24,7 Grains (1,6 g), entsprechend einem Gold/Silber Verhältnis von 1:15 vorgesehen. Diese Münzen konnte sich jede/-r Bürger/-in, sofern man das entsprechende Metall besaß, nach diesen staatlichen Richtlinien selbst herstellen und damit handeln. Da Edelmetalle begrenzt sind, liegt nahe, dass es hierbei nur schwierig zu einer Inflation kommen könnte. Doch hat sich das in der Geschichte bewährt? Betrachtet wird nun das zweite Hauptmerkmal von Kryptowährungen.

2. Hat man früher für eine Mark eine Kugel Eis bekommen, so zahlt man heute einen Euro für eine womöglich kleinere Kugel und das, obwohl der Euro bei einem Verhältnis von knapp zwei zu eins umgetauscht wurde. Hierbei spricht man von Inflation, welche mit der Tatsache zusammenhängt, dass Geld nahezu nach Belieben gedruckt werden kann. Dass dieses Prinzip dauerhaft nicht funktionieren kann, hat man bereits im alten China festgestellt. Was ist nun der Unterschied bei Kryptowährungen wie Bitcoin oder Litecoin? Ganz einfach: Die Stückzahl ist festgesetzt - es können maximal 21 Mio. Bitcoins bzw. 84 Mio. Litecoins geschürft

werden. Diese Begrenzungen unterliegen einer mathematischen Festlegung. Vorausgesetzt es entsteht eine breite Akzeptanz dieser Währungsmittel, könnte es aufgrund einer erhöhten Nachfrage möglicherweise sogar zu einer Deflation kommen. Ob eine deflationäre Währung vorteilhaft ist, könnte auf Basis von geschichtlichen Ereignissen wie 1929 in Deutschland kritisiert werden. Hier wurde als Gegenreaktion zu der vorherigen Inflation eine sogenannte Deflationspolitik betrieben, welche letztlich dazu führte, dass die Konjunktur durch den krassen Mangel an flüssigen Zahlungsmitteln abgewürgt wurde.

In der Folge entwickelte sich u. a. eine Massenarbeitslosigkeit (siehe [37]). Nun könnte man dagegen halten, es gebe auch andere begrenzte Dinge in dieser Welt wie z. B. Gold, welches sich ebenfalls als stabile Währung eignen sollte. An dieser Stelle sei die erste geschichtlich verzeichnete Inflation Europas im 15./16. Jahrhundert erwähnt (siehe [2]), welche durch massiven Gold- und Silberimport aus der neuen Welt hervorgerufen wurde. Was mit dem glänzenden Schmuck der Inka begann, mitgebracht nach Europa von den Konquistadoren, entwickelte sich Mitte des 16. Jahrhunderts enorm. Durch den Fund einer gigantischen Silberader konnten rund 220 Tonnen Silber in nur einem Jahr über den Atlantik nach Spanien exportiert werden. Was den Spaniern anfänglich wie die Lösung einiger wirtschaftlicher Probleme erschien, stellte sich rasch als trügerisch heraus. Die hohe Verfügbarkeit an geprägten

Gold- und Silbermünzen führte zu einer enormen Preissteigerung der alltäglichen Dinge, wie beispielsweise für Lebensmittel. Damit einher ging ein Wertverlust des Edelmetallgeldes. Dieses Beispiel kann neben den moralischen Aspekten gegenüber Natur und Mensch bei der Gewinnung von Edelmetallen, vor allem auch als eine ökonomische Lehrstunde in Sachen Inflation betrachtet werden.

3. Verteilen sich derzeit die Erträge aus Transaktionsgebühren auf verschiedene zentrale Banken, passiert diese Verteilung bei Kryptowährungen dezentral auf die einzelnen Betreiber der Recheninfrastruktur. Geschäfte können mit wesentlich weniger Zeitaufwand getätigt werden, da räumliche Distanz keine Rolle mehr spielt. Weitere Vorteile für Zahlungen ergeben sich bei Auslandsaufenthalten. Möchte man derzeit in Australien oder Neuseeland Geld abheben, zahlt man hierfür unter Umständen hohe Gebühren an Geldautomaten. Ebenso bei Nutzung einer Kreditkarte. Mit einer Kryptowährung kann man hingegen unmittelbar bezahlen, ohne sich Gedanken über Gebühren oder aktuelle Wechselkurse zwischen Euro und anderen Währungen machen zu müssen. Das gibt Kryptowährungen außerdem das Potential als globale Währungen zu fungieren.

Abschließend lässt sich sagen, dass es eine logische Konsequenz der weltweiten Digitalisierung der Dinge ist, in naher Zukunft

Rechnungen mit digitalen Währungen bezahlen zu können. Eine Welt, in der das derzeitige Geld zumindest teilweise durch Kryptowährungen ersetzt wird, ist durchaus wünschenswert. Welche enormen ökonomischen Vorteile daraus entstehen können, indem Mittelsmänner wie Banken oder Kreditkartenkonzerne durch *Peer-to-Peer* Transaktionen ersetzt werden, konnte nun verdeutlicht werden. An dieser Stelle sei ebenfalls darauf hingewiesen, dass der ökologische Vorteil nicht zu verachten ist.

Es werden Ressourcen wie Hölzer, Metalle, Treibstoffe, Strom oder auf Öl basierende Kunststoffe in höchsten Maßen eingespart, da z. B. kein Papier mehr bedruckt werden muss. Dementsprechend benötigt man kein Holz, keine Gelddruckmaschine und keine Treibstoffe um diese am Laufen zu halten oder Gelder in Hochsicherheitstransportern zu befördern. Werden weniger oder keine Münzen mehr geprägt, kann man wertvolle Metalle wie z. B. Kupfer für Dinge wie elektronische Geräte oder als Baumaterial für Gebäude nutzen. Langfristig lassen sich somit enorme ökologische Vorteile erzielen, da oftmals ganze Landstriche durch die Förderung von edlen und unedlen Metallen völlig zerstört hinterlassen werden.

Ob jedoch eine ausschließliche Nutzung von digitalen Währungen erstrebenswert ist, wird sich zeigen. Eine staatliche Regulierung könnte dazu führen, dass jede getätigte Zahlung nachvollziehbar sein muss. Sei es nur für eine Jeans, die dem Nachbar abgekauft wurde oder der Bekannte, dem 20€ als Dankeschön für die Hilfe beim Umzug in die Hand gedrückt wurden.

In diesem ersten Kapitel wurde ein grober Überblick gegeben, was Kryptowährungen sind und in welchen Hauptkriterien sich solche von herkömmlichem Fiatgeld unterscheiden.

Das nächste Kapitel befasst sich mit dem Handel von Kryptowährungen und was hierbei bezüglich Sicherheit und eventuell auftretender Gebühren zu beachten ist.

Kapitel 2: Handeln mit Kryptowährungen

Wie kann man Kryptowährungen erwerben?

Um an Kryptowährungen zu gelangen gibt es grundsätzlich zwei zentrale Wege. Die erste Option, welche besonders zu Anfangszeiten von Bitcoin und Ethereum populär war, ist das "Minen", zu Deutsch Schürfen von Münzen. Durch aktive Teilnahme am dezentralen Netzwerk wird man durch Münzen bzw. Tokens belohnt. Auf das Minen wird gesondert im Kapitel "Mining" näher eingegangen.

Die zweite und weitaus schnellere Möglichkeit stellen *Online Börsen* oder Broker für Kryptowährungen dar. An diesen Handelsplätzen kann man, je nach Angebot, Fiatwährungen (z. B. Euro, US-Dollar) in Kryptowährungen tauschen oder auch von einer in die andere Kryptowährung wechseln.

Genau wie man es vom Umtausch von beispielsweise britischen Pfund in Euro gewohnt ist, gibt es immer einen aktuellen Wechselkurs. Dieser Wechselkurs ändert sich im Sekundentakt und wird von Angebot und Nachfrage bestimmt. Hinzu kommt eine börsenabhängige Gebühr für die Ausführung des Handels. Näheres zu den einzelnen Börsen, welche Währungen wo erworben werden können und worauf man achten sollte, werden im Abschnitt "Handelsbörsen" beschrieben.

Nach dem Umtausch befindet sich das Kryptowährungsguthaben nun in einem von der Börse verwalteten Account, auch Wallet genannt. Es kann jederzeit wieder zurückgewechselt oder auch in einen anderen Wallet (z. B. an einer anderen Börse) transferiert werden. Im Folgekapitel wird der Transfer von Kryptowährungen an einem Praxisbeispiel näher erläutert.

Grundsätzlich gilt, dass Sie an einer Börse Fiatgeld in eigentliche Kryptowährungen wie Bitcoin, Litecoin oder Ethereum tauschen und die Coins auch besitzen. Auch bei einem Broker wie eToro (siehe [3]) kann man Bitcoin und Ethereum erwerben, allerdings wird hierbei über sogenannte *Derivate* gehandelt. Kurzgefasst, man spekuliert auf den Kursverlauf, anstatt eigentliche Münzen zu kaufen.

Da keine eigentlichen Coins gespeichert werden müssen, gibt es bei Brokern auch nicht das Konzept von Wallets. Plattformen wie eToro verdienen ihr Geld u. a. durch den sogenannten *Spread* (Differenz zwischen Angebots- und Nachfragepreis), weshalb der Handel deutlich teurer ausfallen kann als auf einer Kryptobörse.

Investieren oder Spekulieren?

Investieren und Spekulieren sind nicht klar voneinander zu trennen, haben jedoch unterschiedliche Konnotationen behaftet.

Bei der Investition handelt es sich typischerweise um eine langfristige Entscheidung, bei der man sein Vermögen in eine

Aktie, einen Fond, einen Rohstoff oder eine Kryptowährung legt und von einem Wertgewinn über Zeit ausgeht.

Die Spekulation hingegen ist meist kurzfristiger ausgelegt. Trader setzen auf kleinste Kursschwankungen, um Veränderungen im Verlauf zum eigenen Nutzen zu schlagen. Hierbei wird oft mittels sogenannter derivativer Finanzinstrumente gehandelt, welche an andere Vermögenswerte gekoppelt sind. Auffällig ist, dass der eigentliche darunterliegende Vermögenswert nicht erworben, sondern nur auf dessen Kursverlauf spekuliert wird. Das heißt, wenn Sie beispielsweise auf der eToro Plattform (siehe [3]) Bitcoins kaufen, besitzen sie keine eigentlichen Bitcoins, sondern haben nur eine Wette auf den Anstieg dessen Kurses abgeschlossen.

Umgekehrt können Sie dafür auch auf den Kursabfall einer Kryptowährung setzen und somit im Verlustfall profitieren. Dies bezeichnet man im Fachjargon als "shorten".

Das häufige und kurzfristige Handeln bei der Spekulation bringt die Anforderung, den Markt kontinuierlich beobachten zu müssen. Schon kleine Veränderungen können das Eingreifen erfordern, was die Angelegenheit sehr zeitintensiv macht und für viele, neben einem Hauptberuf, nicht möglich ist. Die Investition hingegen ist darauf angelegt, nach Platzierung eine überschaubare Zeit zu verweilen, da man an den langfristigen Erfolg glaubt und kurzweilige Schwankungen in Kauf nimmt.

Handelsbörsen

Hat man nun den Entschluss gefasst mit dem Investieren in Kryptowährungen zu beginnen, stellen sich primär zwei Fragen.

1. In welche Kryptowährungen soll ich investieren?

2. An welcher Börse möchte ich handeln?

Erstere Frage wird im Folgekapitel zum Bewerten neuer und existierender Kryptowährungen auf Basis von Checklisten abgedeckt werden.

Das Ziel dieses Kapitels ist es auf die Vor- und Nachteile verschiedener Börsen, zu Englisch "Exchanges" einzugehen. Da es mittlerweile eine Vielzahl an Online-Exchanges gibt, werden die Unterschiede aufgezeigt und ein Prozess zur Ermittlung dargelegt, welche Handelsbörse sich für die jeweiligen Bedürfnisse anbietet.

Wie erfahren bin ich im Handeln?

Wenn Sie dieses Tutorial lesen, sind Sie wahrscheinlich noch in den ersten Anfängen Ihrer Karriere als Krypto-Investor.

Für den Einstieg gibt es verschiedene Börsen, die einen sehr simplen und benutzerfreundlichen Umtauschprozess bieten. Man gibt die Anzahl der Krypto-Coins ein, die man kaufen möchte und bekommt den Preis zusätzlich der Gebühren angezeigt. Es gibt wenige Auswahlmöglichkeiten, daher allerdings auch nicht viel falsch zu machen, außer einen inkorrekten Wert einzugeben. Da es kaum an Fachwissen bedarf, eignen sich diese Exchanges für den noch unerfahrenen Nutzer.

Die Kehrseite ist, dass es auf solchen Börsen keine fortgeschrittenen Features wie z. B. *Limit-Orders*, *Stop-Loss*, etc. gibt. Darüber hinaus sind die Handelsgebühren meist weitaus höher als bei der zweiten Art von Börsen, den sogenannten *Trading-Plattformen.*

Um ein Beispiel zu geben: Eine sehr bekannte und für den Einstieg geeignete Börse ist *Coinbase.* Coinbase hat eine sehr übersichtliche Benutzerschnittstelle mit klaren Anweisungen und bietet wenig Spielraum um gravierende Fehler zu begehen.

Dafür verlangt Coinbase eine Handelsgebühr von 1,49% pro Transaktion. Will man 10.000€ in Bitcoin investieren, gehen davon direkt 149€ an Coinbase. Die detaillierte Gebührenstruktur wird nachstehend näher erörtert.

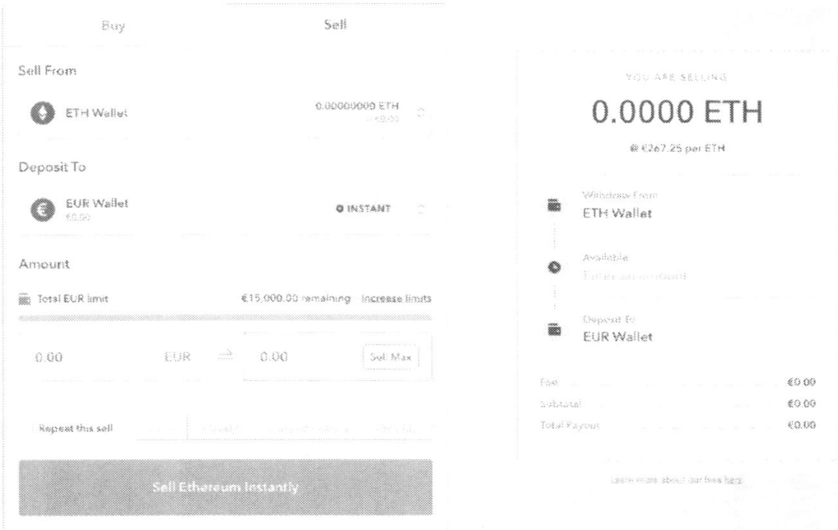

Abbildung 2.1: *Die obige Abbildung zeigt die grafische Coinbase Schnittstelle für den Kauf- und Verkauf von Kryptowährungen. Im Beispiel soll ein Ether in Euro gewechselt werden. Unten rechts sieht man den zu erhaltenden Wert in der Zielwährung, sowie anfallende Gebühren.*

Auf der anderen Seite gibt es Trading-Plattformen, welche weitaus mehr Funktionen zur Verfügung stellen, gleichermaßen jedoch Vorkenntnisse erfordern.

Um auf Trading-Plattformen zu handeln, sollte man sich mit den Handelsgrundlagen auskennen. Dinge wie *"Limit-"* versus "*Market-Order*", "*Orderbuch*", " *Bid/Ask"* Preise, "*Stop-Loss*" und "*Take-Profit*" sollten Ihnen ein Begriff sein, um sich auf diesen Exchanges zurechtzufinden.

Da Trading-Plattformen eher für den frequentierten Handel intendiert sind, fallen die Gebührenstrukturen meist bei weitem freundlicher aus, manchmal kann sogar ganz ohne Transaktionsgebühr gehandelt werden.

Ein Beispiel hierfür ist *GDAX*. GDAX ist die Trading-Plattform von Coinbase und bietet die Möglichkeit Handelsaufträge zu erteilen, ganz ohne anfallende Transaktionsgebühren.

Da GDAX zu Coinbase gehört, kann Guthaben auch kostenfrei hin- und her bewegt werden. D.h., falls Sie 1.000€ auf Coinbase eingezahlt haben, sich aber mittlerweile sicher genug fühlen mit einer Trading-Plattform wie GDAX umzugehen, können Sie das Guthaben einfach von Coinbase zu GDAX verschieben.

Abbildung 2.2 (siehe Folgeseite): *Übersicht der GDAX Trading-Plattform. Die Abbildung zeigt rechts den Kursverlauf, hier ETH/EUR in einem Kerzendiagramm und mittig das aktuelle Orderbuch mit Kauf- und Verkaufsangeboten. Links ist die Schnittstelle, um selbst Aufträge auszuführen. Im Beispiel soll ein Ether verkauft werden sobald der Preis 300€ erreicht. Dies bezeichnet man als "Limit Order", eines von mehreren Features, die es auf Coinbase nicht gibt. Coinbase bietet lediglich eine "Market Order" an.*

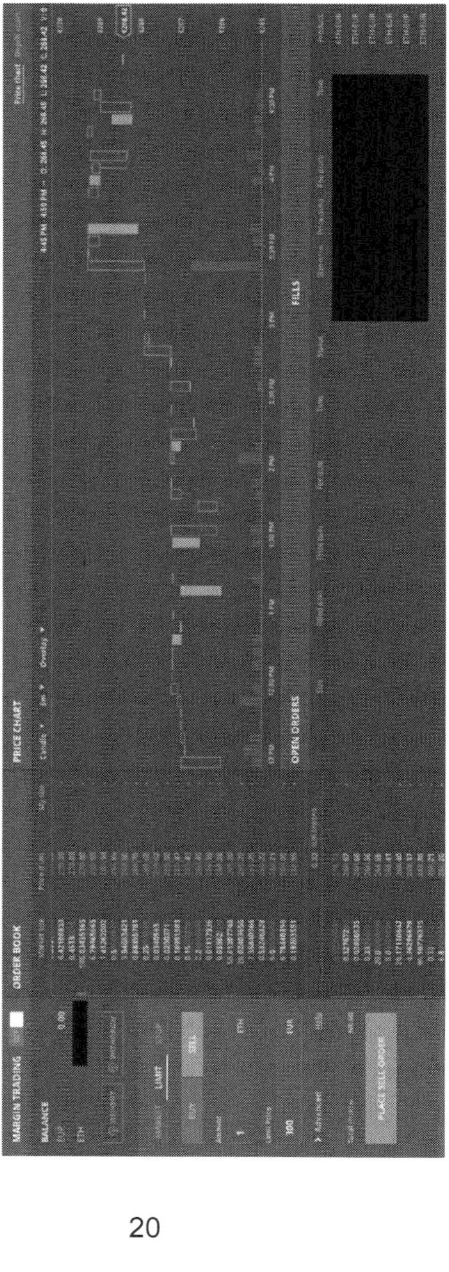

In welche Kryptowährung möchte ich investieren?

Ein weiterer wichtiger Entscheidungsfaktor bei der Auswahl der Handelsbörse ist die Art von Kryptowährung, die Sie erwerben möchten. Gleichermaßen wichtig ist auch von welcher Ursprungswährung Sie in die neue Zielwährung tauschen möchten.
Im Folgenden wird das Ganze Schritt für Schritt angegangen. Die erste Frage, die Sie sich stellen müssen ist, "Was würden Sie gerne eintauschen?". Ist es Euro, US-Dollar, eine andere Fiatwährung oder besitzen Sie beispielsweise schon eine Kryptowährung wie Bitcoin und wollen diese in einen anderen Coin wechseln, z. B. Ripple? Das ist von enormer Bedeutung, denn nicht alle Börsen bieten die Einzahlung von Fiatwährungen an. Falls Sie also noch nicht im Besitz einer Kryptowährung sind, müssen Sie sich initial einen Exchange aussuchen, bei dem Sie Fiatgeld einzahlen können. Beispiele hierfür sind Coinbase oder *Kraken*. Börsen, welche keine Einzahlung von Euro erlauben, dafür aber ein sehr breites Portfolio an alternativen Kryptowährungen anbieten, sind *Bittrex* und *Poloniex*.

Dies führt uns zur zweiten Frage, "Zu welcher Kryptowährung würden Sie gerne umtauschen?". Nicht jede Börse bietet jedes Währungspaar an. Coinbase bietet aktuell nur Bitcoin, Ethereum und Litecoin an. Bittrex führt hingegen fast jede erdenkliche Kryptowährung, die zurzeit auf dem Markt ist.

Ein sehr hilfreiches und wichtiges Werkzeug, um herauszufinden auf welchem Exchange eine bestimmte Währung gehandelt werden kann, ist *Coinmarketcap* (siehe [19]). Auf dieser

Webseite kann man aktuell gehandelte Coins in absteigender Reihenfolge nach deren *Marktkapitalisierung* einsehen. Klickt man nun auf die Kryptowährung von Interesse und navigiert zum "Market" Tab, liefert Coinmarketcap eine Liste von Börsen, an welchen genau dieser Coin gekauft und verkauft werden kann.

Ein zusätzlich sehr wichtiger Indikator ist das Handelsvolumen. Hier gilt: je höher, desto besser. Ein höheres Handelsvolumen bedeutet, dass die Wahrscheinlichkeit größer ist zu einem beliebigen Zeitpunkt einen Handel abschließen zu können.

Nicht vergessen, es geht um Angebot und Nachfrage. Möchten Sie drei Bitcoins verkaufen, muss auf der anderen Seite ein Käufer sein, der diese drei Bitcoins zu Ihrem Wunschpreis erwirbt. Ein hohes Handelsvolumen bringt zudem eine hohe *Liquidität*, was wiederum zur Folge hat, dass die Preisdifferenz zwischen Angebots- und Nachfragepreis (der sogenannte *Spread*) geringer ist und Sie nach dem Kauf nicht augenblicklich einen kleinen Verlust hinnehmen müssen.

Zusammenfassend lässt sich so herleiten, auf welchen Börsen man den gewünschten Handel ausführen kann.

Folgend ein konkretes Beispiel. Sie wollen Euro in *Siacoin* wechseln. Ein Wechsel von Euro direkt in Siacoin, sprich SC/EUR ist aktuell nicht möglich. Auf Bittrex können Sie jedoch Bitcoin zu Siacoin tauschen, was einfach über Coinmarketcap ermittelt werden kann (siehe Abbildung 2.3).

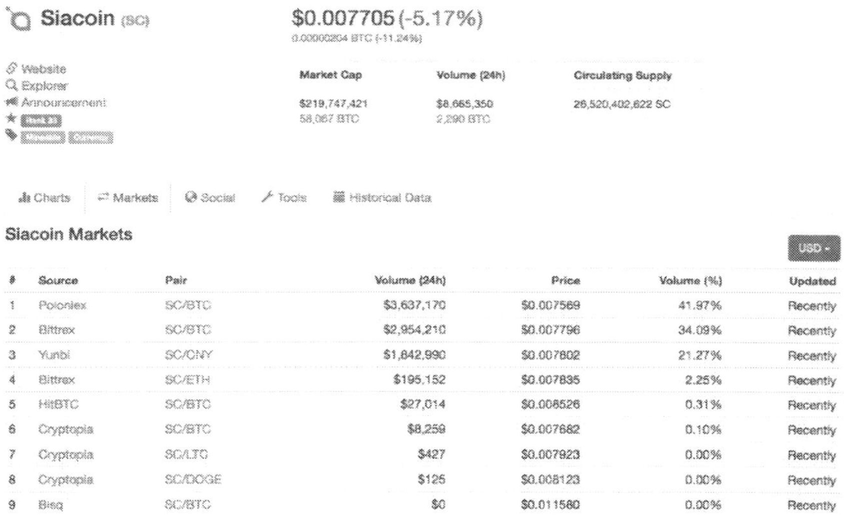

Siacoin (SC)

$0.007705 (-5.17%)

0.00000204 BTC (-11.24%)

Website
Explorer
Announcement

Market Cap	Volume (24h)	Circulating Supply
$219,747,421 58,067 BTC	$8,665,350 2,290 BTC	26,520,402,622 SC

Charts | Markets | Social | Tools | Historical Data

Siacoin Markets

USD

#	Source	Pair	Volume (24h)	Price	Volume (%)	Updated
1	Poloniex	SC/BTC	$3,637,170	$0.007569	41.97%	Recently
2	Bittrex	SC/BTC	$2,954,210	$0.007796	34.09%	Recently
3	Yunbi	SC/CNY	$1,842,990	$0.007802	21.27%	Recently
4	Bittrex	SC/ETH	$195,152	$0.007835	2.25%	Recently
5	HitBTC	SC/BTC	$27,014	$0.008526	0.31%	Recently
6	Cryptopia	SC/BTC	$8,259	$0.007682	0.10%	Recently
7	Cryptopia	SC/LTC	$427	$0.007923	0.00%	Recently
8	Cryptopia	SC/DOGE	$125	$0.008123	0.00%	Recently
9	Bisq	SC/BTC	$0	$0.011580	0.00%	Recently

Abbildung 2.3: *Die Grafik zeigt die Informationsseite von Siacoin auf Coinmarketcap. Navigiert man zum "Market" Tab, lässt sich schnell und einfach ausfindig machen, auf welchen Börsen man in die Zielwährung Siacoin umtauschen kann. Alternativ zu SC/BTC, könnte man auf Yunbi vom chinesischen Yen in Siacoin wechseln.*

In einem ersten Schritt können Sie beispielsweise Euro auf Coinbase oder GDAX einzahlen und dort direkt in Bitcoin umtauschen. Anschließend würden Sie die neu erworbenen Bitcoins zu Ihrem Bittrex Account übertragen und dort in Siacoin wechseln.

Dies mag initial aufwendig klingen, ist jedoch spätestens nach dem zweiten Mal eine Routineübung. Auf das Transferieren von Kryptowährungen zwischen einzelnen Börsen, und was dabei beachtet werden muss, wird im Kapitel "Sicherheit und Aufbewahrung von Kryptowährungen" näher eingegangen.

Welche Gebühren fallen an, welche kann ich sparen?

Es gibt eine Reihe von Gebühren, welche zu verschiedenen Zeitpunkten im Handelszyklus anfallen. Im Folgenden wird auf die einzelnen Elemente eingegangen und außerdem erklärt, wie sich manche dieser Gebühren minimieren oder gar vermeiden lassen.

Wenn Ihr erster Gedanke beim Erwerb von Kryptowährungen auf Coinbase "1,49% Gebühren?!" war, wird dieses Kapitel Ihr Herz wieder beruhigen. Es macht durchaus nervös, sieht man bei der ersten Investition erst einmal 1,49% im roten Bereich.

a) Fiat Einzahlungs- und Auszahlungsgebühren

Verschiedene Börsen verlangen eine Gebühr, wenn beispielsweise Euro zur Börse überwiesen oder wieder abgehoben wird. Coinbase verlangt für SEPA Auszahlungen aktuell eine Pauschale von 15 Eurocent, Einzahlungen sind kostenfrei. Diese Gebührenstruktur ist über alle Plattformen, die Fiatübertragungen erlauben, ähnlich.

Will man nicht warten, bis die SEPA Überweisung eingeht, gibt es häufig auch die Möglichkeit über Kreditkarte zu kaufen. Da hierbei Transaktionsgebühren für die Börse anfallen, werden diese typischerweise an den Endnutzer umgeleitet, was sehr hohe Kosten zur Folge hat.

Kaufen Sie heute auf Coinbase Ethereum für 1.000€ via Kreditkarte, kommen 3,99%, sprich 39,90€ an Gebühren auf Sie zu. Wenn Sie warten können und nicht blitzschnell auf einen Trend aufspringen möchten, lohnt es sich ein bis zwei Geschäftstage zu gedulden, bis die Überweisung eintrifft.

b) Wechselgebühren

Der nächste Kostenpunkt sind die Wechselgebühren. Diese fallen beim Tausch zwischen zwei Währungen an. Hierbei handelt es sich oft um Pauschalen, die als prozentualer Anteil des Transaktionswertes berechnet werden.

Coinbase fordert zum Zeitpunkt, in dem dieser Text geschrieben wurde, eine Gebühr von 1,49%, *Coinmama* sogar 6,75%. Die im vorherigen Abschnitt angesprochenen Trading-Plattformen sind hingegen etwas günstiger was die Wechselgebühren angeht, jedoch nicht für blutige Anfänger gedacht.

Zudem unterscheiden Trading-Plattformen bei einer Order zwischen Maker- und Taker-Gebühren. Ein Maker bietet etwas an, beispielsweise den Kauf von drei Bitcoins à 2.300€ oder einen Verkauf von sechs Ether à 270€. Diese Kauf- oder Verkaufsangebote werden nicht direkt ausgeführt, sondern ins *Orderbuch* der Trading-Plattform eingetragen. Sie resultieren in einer höheren *Liquidität*.

Für die Bereitstellung werden Maker mit geringeren Gebühren belohnt, oftmals entfallen diese sogar komplett. Auf GDAX beispielsweise haben die Maker keine Gebühren zu bezahlen.

Die Taker auf der anderen Seite, suchen sich für sie passende Angebote aus dem Orderbuch und nehmen diese wahr. Möchte man nun drei Bitcoins à 2.300€ kaufen (um an vorheriges Beispiel anzuknüpfen), so kann diese Order angenommen und ausgeführt werden. Dadurch wird das vorhandene Angebot aus dem Orderbuch gestrichen und es wird gleichermaßen Liquidität aus dem Markt genommen.

Taker müssen daher meist eine Wechselgebühr zahlen. Auf GDAX wären dies je nach Ordervolumen aktuell 0,1% - 0,3%. Eine Übersicht der Wechselgebühren auf populären Börsen und Trading-Plattformen können Sie Abbildung 2.4 entnehmen.

Handelsbörse	**Gebühren bei Kauf und Verkauf (Maker/Taker)**
Coinbase	1,49%
GDAX	0% / 0,3%
Bittrex	0,25%
Bitfinex	0,1% / 0,2%
Kraken	0,16% / 0,26%
Poloniex	0,15% / 0,25%
Bitstamp	0,25%

Abbildung 2.4: *Die Gebühren wurden aus den Angaben der aktuellen Börsen Webseiten entnommen. Oftmals sind Handelspreise gestaffelt nach Auftragsvolumen. Je größer Ihre Aufträge oder akkumulierte Aufträge über den Monat sind, desto kleiner wird der Prozentsatz an Gebühren, welcher Ihnen angerechnet wird. In dieser Tabelle werden jeweils nur Angaben zur kleinsten Volumenklasse gemacht*

c) Netzwerkkosten

Hierbei handelt es sich um die Kosten, die bei Transaktionen von Kryptowährungen, u. a. beim Übertragen von einer zur anderen Börse entstehen. Ein Beispiel wäre das Transferieren von Ether, die auf Coinbase lagern, hin zu Bittrex.

Damit eine solche Transaktion sicher und zuverlässig durchgeführt werden kann, müssen neue Einträge in die Blockchain geschrieben und verifiziert werden. Dafür wiederum, müssen die Teilnehmer des Netzwerks, die sogenannten Miner, verschiedene kryptografische Funktionen berechnen und anschließend zu einem Einverständnis kommen. Kurzgefasst, kostet dieser dezentralisierte Prozess Rechenaufwand, welcher sich in Energiekosten übertragen lässt.

Diese Kosten werden dann an den Auftraggeber der Transaktion weitergegeben. Die Netzwerkgebühren werden typischerweise vor Abschluss der Transaktion angezeigt, wie hier im Beispiel auf Coinbase (siehe Abbildung 2.5).

Worum es sich bei einem Wallet handelt und in welchem Format die Adresse des Empfängers einer Transaktion angegeben werden muss, wird im Kapitel zur Aufbewahrung von Kryptowährungen dargestellt.

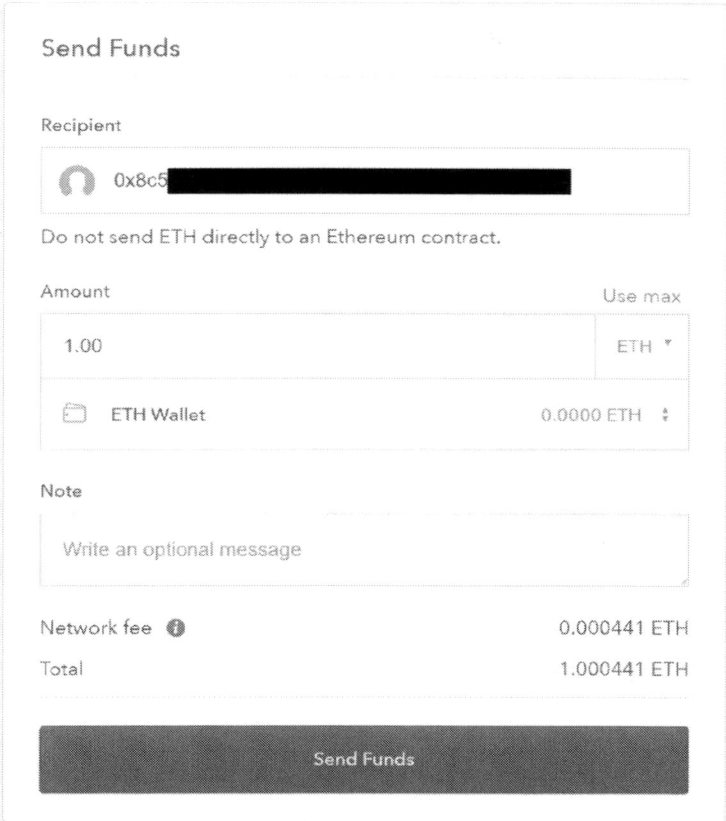

Abbildung 2.5: *Die Abbildung zeigt das grafische Interface auf Coinbase zum Transferieren von Guthaben zu einem anderen, externen Account bzw. Wallet. Im unteren Bereich sieht man die dadurch anfallenden Netzwerkkosten. Neben dem einen Ether, der übertragen werden soll, werden zusätzlich 0.00105 Ether vom Ethereum Wallet abgezogen.*

Tipps & Tricks

Sei Maker, kein Taker

Auf Trading-Plattformen wird beim Erzeugen einer neuen Order meist zwischen "Maker-" und "Taker-" Ordern unterschieden. *Maker-Trades* sind Angebote, bei denen eine bestimmte Währung zu einem bestimmten Preis zu kaufen oder verkaufen ist. Diese werden in das Orderbuch eingetragen und generieren demnach Liquidität auf dem Markt. *Taker-Trades* hingegen nehmen genau diese Angebote an und führen die Order aus. Das Angebot wird dann aus dem Orderbuch gelöscht und die Liquidität effektiv verringert.

Der Unterschied zwischen Maker und Taker reflektiert sich zudem in der Gebührenstruktur. Auf GDAX beispielsweise werden Maker für das Hinzufügen von Liquidität mit 0% Wechselgebühren belohnt. Taker, auf der anderen Seite, bezahlen abhängig vom Ordervolumen 0,1 - 0,3% Gebühren. Muss Ihr Trade nicht unmittelbar ausgeführt werden, stellen Sie Ihren gewünschten Zielpreis mittels einer Limit-Order ein. Abbildung 2.6 verdeutlicht das Erstellen eines Maker-Trades.

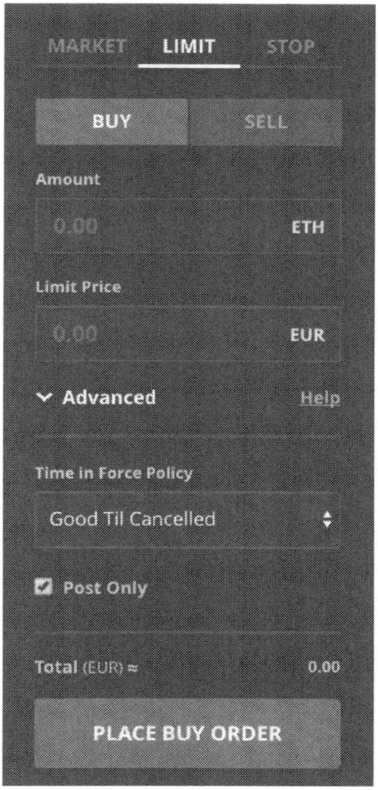

Abbildung 2.6: *Die Grafik zeigt die Eingabemaske der GDAX Trading-Plattform, in diesem Falle, um Ether zu kaufen. Will man nun eine Maker-Order einstellen, so muss sichergestellt sein, dass eine Limit-Order erstellt wird und das Kontrollkästchen "Post only" aktiviert ist.*

Der Verifizierungsprozess

Eine essentielle Voraussetzung, um an einer Börse handeln zu dürfen, ist die Identitätsverifizierung. Dies ist ein gewöhnlicher Prozess und wird von allen Exchanges und Trading-Plattformen in ähnlicher Form verlangt. Hierbei handelt es sich oftmals um ein mehrstufiges Verfahren, welches Teile oder die Gesamtheit folgender Angaben erfordern kann:

1. Vor- und Nachname
2. Wohnsitz und Adresse
3. Geburtsdatum
4. Verifikation der Telefonnummer
5. Identifikationsdokument mit Lichtbild wie z. B. Reisepass, Personalausweis
6. Ein Foto von Ihnen, auf dem Sie Ihren Ausweis und zusätzlich eine selbst geschriebene Notiz mit Datum und Unterschrift in die Kamera halten.

Möchten Sie schnell mit dem Investieren beginnen, stellen Sie sicher, dass Sie all diese Angaben und Dokumente während des Registrierungsvorgangs bereitliegen haben.

Zusätzlich ist anzumerken, dass nicht alle Börsen einen automatisierten Prozess etabliert haben, der Ihre Angaben verifiziert. Dauert es bei Coinbase, Bittrex und Poloniex nur wenige Minuten bis Stunden, bis die Verifikation vollzogen ist, benötigt es bei Kraken aktuell mehrere Wochen. Neben einem langsamen, manuellen Verifikationsprozess kommt hinzu, dass die Anfrage an Börsen und Trading-Plattformen erheblich zunimmt und Dienste teilweise überlastet sind.

Möchten Sie also rasch beginnen, empfehlen wir Ihnen eine Börse zu wählen, deren Verifizierungsprozess schnell und reibungslos funktioniert.

Kryptowährungen als Zahlungsmittel Ihres E-Commerce Shops

Im obigen Kapitel wurde sowohl das Mining als auch der Kauf von Kryptowährungen über Börsen und Broker angesprochen.

Eine weitere Möglichkeit in Besitz von Bitcoins, Ethereum und co. zu gelangen, bieten Krypto-Zahlungsdienste wie BitPay oder Coinpayments (siehe [4], [5]).

Besitzen Sie bereits Ihren eigenen E-Commerce Shop oder betreiben eine einfache Webseite, auf der Sie Produkte online vertreiben, können Sie anstatt von Fiatgeld auch Zahlungen mit Kryptowährungen akzeptieren.

Die genannten Dienste bieten fertige Plugins und Schnittstellen für eine einfache Integration in Ihre existierende Webpräsenz. Während BitPay aktuell nur Bitcoin unterstützt, bietet Coinpayments eine Auswahl von über 60 verschiedenen Kryptowährungen an.

Bitte beachten Sie jedoch, dass der Kryptomarkt sehr volatil sein kann. Es ist daher keine Seltenheit, speziell im Bereich der jüngeren Coins, innerhalb weniger Stunden Kursschwankungen von 10% - 20% zu beobachten. Sollten Sie also auf das generierte Einkommen angewiesen sein, ist diese Option wie immer mit Vorsicht zu genießen.

Im vorangegangenen Kapitel wurde aufgezeigt, wie man Kryptowährungen möglichst einfach und mit so wenig Gebühren wie möglich erwerben kann und welche Handelsplattformen sich dafür am besten eignen.

Im nächsten Kapitel wird darauf eingegangen, wie man Kryptowährungen nach dem Erwerb sicher aufbewahren kann. Ein wirklich wichtiges Thema und gleichzeitig eine Konsequenz der Dezentralität, die jeden betrifft, der mit digitalen Währungen zu tun hat. “Be your own bank” bedeutet eben auch, dass gewisse Teile der Arbeit wie Aufbewahrung und Sicherheit dem Besitzer selbst überlassen sind.

Krypto-Dave fragt: Wie haben sich Zahlungsmittel in der Geschichte der Menschheit entwickelt?

Eine Frage die zum Thema Kryptowährungen häufig gestellt wird, ist wie diese Währungen überhaupt einen Wert erhalten. Vielen Menschen fällt es schwer nachzuvollziehen der digitalen Abbildung eines Wertes, einen solchen auch tatsächlich abgewinnen zu können.

Ein kurzer Blick auf die Entwicklung von Zahlungsmitteln der Menschen kann hierbei zu einem besseren Verständnis führen, warum es hilfreich ist digitale Währungen als Wertespeicher zu verwenden.

Die ältesten Zahlungsmittel der Menschheit waren eher Tauschmittel, als reine Währungen. Gib du mir ein gutes Fell, dann kann ich dir in Salz eingelegtes Fleisch für den Winter geben. Diese Tauschmittel waren letztlich überlebensnotwendige Dinge und für den reinen Gebrauch gedacht. Es ist naheliegend, dass es schwierig ist bei einem Schreiner für 100 Tomaten einen Tisch zu erwerben. Schließlich sind Tomaten verderblich und der Schreiner kann ebenso wenig 100 Tomaten unmittelbar gebrauchen, noch kann er sie direkt in andere Güter umsetzen. Mit der Zeit begann der Mensch dann Zahlungsmitteln die zusätzliche Funktion eines Wertspeichers zu geben, indem nicht die eigentlich konsumierten Dinge verwendet wurden, sondern

Gegenstände, deren Verwendung sich entweder aufschieben ließ, oder gar durch Seltenheit oder Schönheit ihren Wert bekamen. Einen Übergang stellen hierbei eindeutig Lebensmittel dar, welche sich lange aufbewahren ließen und somit für Zeiten aufgespart werden konnten, in denen Nahrung knapp wurde. Beispiele hierfür sind Kakao-, Tee-, oder Salzgeld.

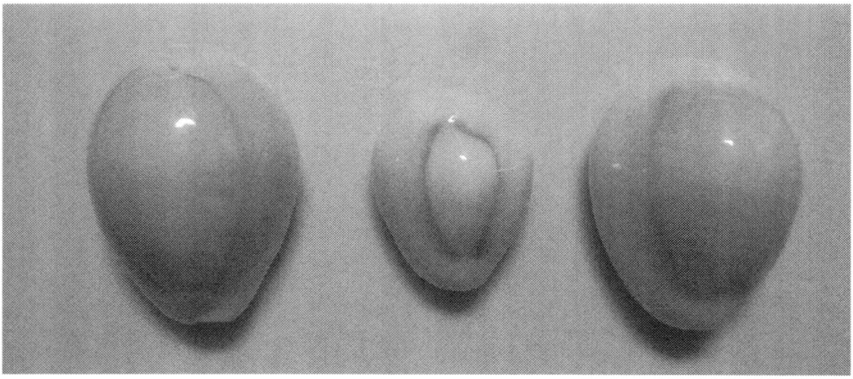

***Abbildung 3.7**: Ein weiteres Beispiel für sogenanntes Primärgeld sind Kaurimuscheln (lat. Cypraea moneta). Diese wurden in Afrika, Süd-Ost- und Ostasien, sowie im Südseeraum als Zahlungsmittel verwendet (siehe [36]).*

Ein bekannter Ausspruch für letzteres ist “Salz, so wertvoll wie Gold”. In der Tat wurden für den Besitz von Salz Allianzen geschmiedet, Handelsstraßen errichtet und Menschen ausgebeutet. Es mag aus heutiger Sicht verwunderlich klingen, doch wurde z. B. 1611 ein Krieg um dieses Nahrungsmittel zwischen Bayern und Salzburg geführt (siehe [6]). Doch woher kam dieser enorme Wertzuspruch? Salz ist zum einen ein lebenswichtiges Mineral und des Weiteren ein sehr gutes Konservierungsmittel.

Nicht selten wurde Salz als ein lebensspendendes Elixier empfunden. Gerade und vor allem in wärmeren Regionen, in denen der Elektrolythaushalt aufgrund von starkem Schwitzen durch Salzzuführung reguliert werden muss. So hatte sich z. B. in Eritrea und in Äthiopien ein traditionelles, außermünzliches Zahlungsmittel namens Amole entwickelt. Amole waren Salzbarren mit einem Gewicht von ca. 800 Gramm, die als Tauschmittel, Wertspeicher und letztlich auch als ein überlebensnotwendiges Nahrungsmittel verwendet wurden.

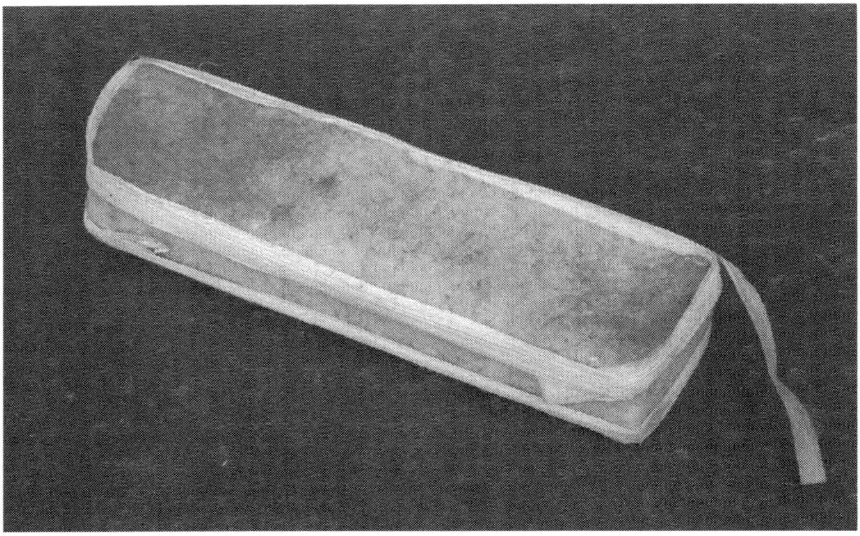

Abbildung 3.8: *Ein traditioneller Amoli hatte die Abmessungen von ca. 20 x 6 x 3,5 cm und wog zwischen 750 und 900 Gramm (Bildquelle siehe [7]).*

Kapitel 3: Sicherheit und Aufbewahrung von Kryptowährungen

Was ist ein Wallet?

Ein Wallet, zu Deutsch "Geldbeutel" oder "Brieftasche", ist eine digitale Abbildung desselben Prinzips. Man benötigt den Wallet um Kryptowährungen aufbewahren, versenden und empfangen zu können.

Um genau zu sein, werden in einem Wallet jedoch nicht die eigentlichen Bitcoins, Ether oder Ähnliches gespeichert, sondern nur ein Paar von kryptographischen Schlüsseln, der private und der öffentliche Schlüssel.

Der private Schlüssel ist, wie der Name schon vermuten lässt, nur dem Besitzer des Wallets bekannt und darf unter keinen Umständen an Dritte weitergegeben werden. Geht dieser verloren, ist es dem Besitzer nicht mehr möglich auf seine Kryptowährung zuzugreifen.

Es kursieren einige skurrile Geschichten im Internet von Leuten, die in der frühen Zeit anfingen in Bitcoin zu investieren und über die Jahre Ihren privaten Schlüssel verloren haben. Eine der bekanntesten ist die eines Briten, der schon im Jahre 2009 im Besitz von ca. 7.500 Bitcoins war - welche zu der Zeit kaum etwas wert waren - und damit heute Multimillionär wäre (siehe [8]).

Gleichermaßen kann jede beliebige Person, die im Besitz Ihres privaten Schlüssels ist, über Ihr Guthaben verfügen. Deshalb werden private Schlüssel nicht im Klartext abgelegt, sondern zusätzlich mit einem Passwort verschlüsselt. Hier wiederum gilt, verlieren Sie dieses Passwort, können Sie nicht auf Ihren privaten Schlüssel zugreifen, was die gleiche Konsequenz eines verlorenen Schlüssels mit sich bringt.

Falls Sie sich vor kurzem an einer Börse angemeldet haben und von diesem Thema noch gar nichts gewusst haben, seien Sie erleichtert: Nein, Sie haben nicht vergessen Ihren privaten Schlüssel zu speichern.

Online Börsen und Trading-Plattformen verwalten dies für Sie. Auf die verschiedenen Arten von Wallets wird in der Folgesektion eingegangen.

Zusammengefasst fungiert der private Schlüssel als ein Werkzeug um digitale Signaturen zu erzeugen, die genau wie Unterschriften auf Papier als Identifikationsnachweis dienen. Somit wird sichergestellt, dass wirklich nur Sie Transaktionen mit Ihrem Kryptowährungsguthaben ausführen können.

Zu jedem privaten Schlüssel gehört ebenfalls ein öffentlicher Schlüssel, welcher gleichzeitig die sogenannte Adresse des Wallets darstellt und benötigt wird, um Kryptowährung an einen anderen Wallet zu senden. Wichtig ist es zu verstehen, dass jeder Coin, Ether etc. mit einem öffentlichen Schlüssel assoziiert ist.

Warum muss man jetzt nicht das eigentliche Guthaben speichern? Weil alles in der Blockchain steht. Die Blockchain ist das technologische Grundgerüst von Kryptowährungen, in der alle Transaktionen persistent und transparent für jeden niedergelegt sind.

Will man sein Guthaben abfragen, können schlicht und einfach alle Transaktionen betrachtet werden, die zum eigenen öffentlichen Schlüssel gehören, und die Einzahlungen und Abzüge aufsummiert werden. So wird auch vor einer neuen Transaktion geprüft, ob überhaupt genug Guthaben vorhanden ist.

Die Transaktion selbst kann jedoch nur mit Hilfe des privaten Schlüssels ausgeführt werden. Das hat den interessanten Nebeneffekt, dass zu jedem öffentlichen Schlüssel ausfindig gemacht werden kann, wie viel Guthaben die- oder derjenige besitzt.

So könnte man beispielsweise in Erfahrung bringen, wie viele Bitcoin Millionäre es aktuell gibt.

Die Aussage, dass Bitcoin eine anonyme Währung sei, ist daher nicht korrekt. Da der Inhalt der Blockchain für jeden einsehbar ist, kann man jede Bewegung eines jeden Accounts seit der ersten Transaktion im Jahre 2009 zurückverfolgen. Ein Account steht allerdings an erster Stelle nur für einen öffentlichen Schlüssel. Die Zuordnung dieses Schlüssels zu einer natürlichen Person oder Organisation hingegen ist nicht trivial. Online Börsen sind oftmals an die sogenannte "Know your customer"- Regulierung gebunden, wodurch sie ein- und ausgehende Überweisungen

Identitäten zuweisen können. Erstellt man sich allerdings einen eigenen, selbst verwaltenden Desktop-Wallet, ist dies wiederum nicht der Fall.

Bitcoin wird daher nicht als anonyme, sondern als pseudonyme digitale Währung bezeichnet.

Verschiedene Arten von Wallets

In dieser Sektion wird kurz auf die verschiedenen Arten von Wallets eingegangen.

Wer bereits angefangen hat in Kryptowährungen zu investieren und diese über eine Online-Börse oder Trading-Plattform erworben hat, ist bereits in den Genuss von Online-Wallets gekommen.

Wie der Name bereits andeutet, handelt es sich hier um einen Wallet, welcher online von einem Drittanbieter gehostet wird und auf den man über eine spezielle Applikation oder den herkömmlichen Browser zugreift. Der Vorteil dabei ist, dass von jedem internetfähigen Gerät zugegriffen werden kann und man, anders als beim lokalen Desktop-Wallet, nicht auf den PC, Laptop oder Server restriktiert ist, auf dem der Wallet gespeichert ist. Online Börsen wie Coinbase, Bittrex, Kraken oder Poloniex implementieren diese Art von Wallet. Der Investor muss sich in diesem Fall nicht selbst um die Verwaltung seines privaten Schlüssels kümmern. Viele Nutzer sind genau aus diesem Grund abgeneigt, da sie befürchten, dass bei der potentiellen Kompromittierung einer Online Börse durch Cyberattacken ihre

Guthaben in Gefahr sind. Oftmals wird daher präferiert seine Währungen über verschiedene Börsen aufzuteilen oder, bei sehr hohem Guthaben das nicht kurzfristig gehandelt werden soll, auf alternative "lokale" Wallets umzusteigen.

Eine dieser Alternativen stellt der Desktop-Wallet dar. Anstatt auf dem vom Drittanbieter verwalteten, zentralen Server, wird hierbei das öffentliche und private Schlüsselpaar lokal auf Ihrem Rechner gespeichert. Typischerweise verwendet man eine grafische Applikation, die einem das Einrichten und Verwalten erleichtert. Alle gängigen Kryptowährungen bieten eine oder mehrere dieser Desktop-Wallet Applikationen zum Download für verschiedene Betriebssysteme an, die man über deren Webpräsenz beziehen kann. Zu beachten sind drei Dinge:

1. Die Wallet Software wird sich mit der Blockchain synchronisieren müssen, was zum Download einer potentiell sehr großen Datenmenge führen kann. Bei Ethereum beträgt dies beispielsweise aktuell über 20 GByte, bei Bitcoin sogar über 120 GByte, und das stetig wachsend. Stellen Sie daher sicher, dass Sie ausreichend Speicherplatz zur Verfügung haben.
2. Schützen Sie Ihren Wallet mit einem Passwort. Dadurch wird der private Schlüssel nicht im Klartext auf Ihrer Festplatte abgelegt und kann so, falls unbefugt auf Ihren Rechner zugegriffen wird, nicht einfach ausgelesen werden.
3. Führen Sie ein Backup Ihres Wallets durch. Ein Rechner und eine Festplatte können aus vielerlei Gründen von

heute auf morgen kaputt gehen. Sobald Ihr Festplatteninhalt nicht mehr lesbar ist, ist auch Ihr privater Schlüssel verloren und gleichzeitig Ihr Bitcoin-, Litecoin oder Ethereumguthaben. Die meisten Desktop-Wallets bieten Funktionen um eine Sicherungskopie zu erstellen. Speichern Sie diese unbedingt auf einem anderen physischen Computer, USB Stick, CD oder Ihrem privaten Cloud Speicher.

Der Mobile-Wallet bringt den Desktop-Wallet auf das Tablet oder Smartphone. Speziell wenn man die Kryptowährung als alternatives Zahlungsmittel für den Einzelhandel betrachtet, möchte man nicht seinen Laptop oder Desktop mit sich tragen müssen. Features wie das kamerabasierte Einlesen von Wallet Adressen in Form von QR-Codes oder *NFC/RFID* Technologie machen den Bezahlvorgang besonders nutzerfreundlich auf dem mobilen Gerät. Für den mobilen Wallet gelten die gleichen Prinzipien wie für den Desktop-Wallet. Mobile-Wallets müssen jedoch meist nicht die komplette Blockchain synchronisieren, eine Optimierung, die für im Speicher limitierte, mobile Geräte enorm wichtig ist.

Die letzte Option, die im Rahmen dieses Kapitels vorgestellt wird, ist der Hardware-Wallet.

Hierbei handelt es sich um ein dediziertes, physisches Gerät, meist nicht viel größer als ein USB-Stick, welches einzig und allein dafür gedacht ist einen Wallet zu verwalten.

Hardware-Wallets werden als extrem sicher bezeichnet, da sie neben der Verschlüsselung durch Passwort, zusätzlich meist noch eine zweite Authentifizierungsmethode erfordern (*Multi-Factor-Authentication*). Das kann ein einmaliger Code sein, den man per SMS zugeschickt bekommt oder über eine Multi-Factor-Authentication Applikation wie *Google Authenticator* erhalten kann. Das bedeutet, um an Ihren privaten Schlüssel zu kommen, müsste ein Angreifer Ihren Hardware-Wallet, Ihr Smartphone als auch Ihr Passwort kennen.

Die bekanntesten Anbieter für Hardware-Wallets sind TREZOR, Ledger und KeepKey (siehe [9], [10], [11]).

Wie transferiere ich Guthaben zu einem anderen Wallet?

In diesem Abschnitt wird ein praktisches Beispiel gegeben, wie man Guthaben einer Kryptowährung von einem zum anderen Wallet übertragen kann.

Sind Sie Investor, oder denken darüber nach in Kryptowährungen zu investieren, so werden Sie früher oder später in die Situation kommen, Guthaben zwischen Online Börsen transferieren zu müssen. Einer der Hauptgründe ist, dass Sie Fiatgeld auf einer Börse eingezahlt haben, der Coin, in den Sie investieren möchten, jedoch nur auf einer anderen Börse verfügbar ist.

In folgendem Beispiel wird Schritt für Schritt aufgezeigt, wie Sie von 1.000€ auf Ihrem Konto in den Besitz von New Economy Movement (NEM) kommen und dabei so wenig Gebühren wie möglich zahlen.

Zu diesem Zeitpunkt ist NEM eine der Top-10 Kryptowährungen, bewertet nach aktueller Marktkapitalisierung. Besonderer Wert wird hierbei auf den Schritt des Transferierens zwischen zwei Online Börsen gelegt. Da die verwendeten Seiten vorwiegend aus dem angelsächsischen Raum kommen, ist bei Dezimalzahlen mit Nachkommastellen der Punkt statt dem Komma zur Trennung zu verwenden. Folgende Schritte müssen gegangen werden:

1. Überweisung von Fiatgeld auf Coinbase.
2. Transfer von Guthaben auf GDAX.
3. Kauf von Bitcoins auf GDAX.
4. Bitcointransfer von GDAX zu Bittrex
5. Umtausch von Bitcoin zu NEM

1. Überweisung von Fiatgeld auf Coinbase

Nachdem Ihr Coinbase-Account erfolgreich eingerichtet und eine Zahlungsmethode hinzugefügt wurde, wird nun eine Einzahlung in Euro erklärt. Hierfür wählt man die SEPA Überweisung. Dies dauert im Durchschnitt ein bis zwei Tage, vermeidet jedoch das Zahlen von Kreditkartengebühren.

Wählen Sie hierzu Ihren Euro-Wallet aus und klicken Sie auf das "Deposit" Feld. Ähnlich wie in Abbildung 3.1, sollten Sie nun die Bankverbindungsdaten von Coinbase angezeigt bekommen.

Stellen Sie sicher, dass die "Reference Number", zu Deutsch "Verwendungszweck" korrekt angeben ist, da die Gutschrift sonst nicht Ihrem Account zugewiesen werden kann.

Bitte beachten Sie ebenfalls, dass Einzahlungen nur von Konten überwiesen werden können, die auf Ihren Namen laufen bzw. unter dem Namen, mit dem Sie Ihren Coinbase-Account eröffnet haben.

Recipient

SWIFT / BIC	LHVBEE22
Bank Name	AS LHV Pank
Bank Address	Tartu mnt 2, 10145 Tallinn, Estonia
Bank Country	Estonia
Recipient's IBAN	EE957700771001355096
Recipient Name	Coinbase UK, Ltd.
Recipient Address	9th Floor, 107 Cheapside, London, EC2V 6DN, United Kingdom
Reference Number	[redacted] This must be included exactly for your deposit to succeed

Abbildung 3.1: *SEPA-Überweisungsangaben auf Coinbase*

2. Transfer von Guthaben auf GDAX

Da man die Coinbase Wechselgebühren von Euro zu Bitcoin vermeiden möchte (aktuell 1,49%), überträgt man die eingezahlten 1.000€ im nächsten Schritt zu GDAX. GDAX gehört zum gleichen Unternehmen wie Coinbase und stellt deren Trading-Plattform für erfahrene Nutzer dar.

Übertragungen zwischen Coinbase und GDAX sind gebührenfrei. Nach erfolgreichem Einloggen in GDAX wählen Sie in der Handelsansicht zuerst das Währungspaar BTC/EUR aus.

Im Anschluss klicken Sie auf "Deposit", wonach ein Fenster ähnlich zur Abbildung 3.2 erscheinen sollte. Wählen Sie nun den mittleren Tab "Coinbase Account", um auf Ihren Coinbase Account zuzugreifen.

Als Quelle sollte standardmäßig der Euro Wallet ausgewählt sein und Ihr aktuelles Guthaben reflektieren. Geben Sie nun den gewünschten Betrag ein und bestätigen Sie mit einem Klick auf "Deposit funds" (siehe Abbildung 3.2). Das Guthaben sollte augenblicklich verfügbar sein.

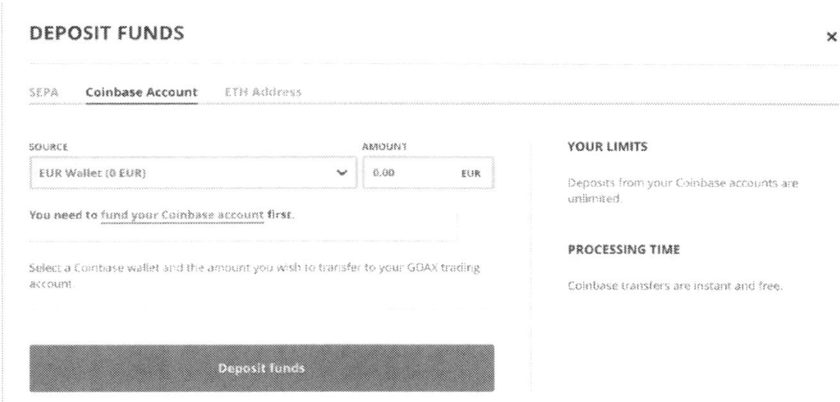

Abbildung 3.2*: Übertragung des Guthabens von Coinbase zu GDAX.*

3. Kauf von Bitcoins auf GDAX

Im nächsten Schritt wird nun der eigentliche Umtausch von Euro in Bitcoins durchgeführt. Auf der linken Seite der GDAX Handelsansicht können Sie bereits die Kauf- und Verkaufsschaltflächen sehen (BUY und SELL).

Wählen Sie "BUY" und gleich darüber den Tab "LIMIT". Dies bedeutet, dass eine Limit-Order aufgeben wurde, um so anfallende Wechselgebühren in Form von Taker-Fees zu vermeiden.

Als Limitpreis wählen Sie den aktuellen Bitcoinkurs in Euro. Alternativ ist es natürlich auch möglich einen geringeren Betrag zu wählen und darauf zu hoffen, dass der Kurs nochmal sinkt in naher Zukunft.

Die Menge an Bitcoins ermitteln Sie, indem Sie Ihren Anlagebetrag (im Beispiel 1.000€) durch den angegebenen Limitpreis dividieren.

Beispiel:

- Der aktuelle Bitcoinkurs ist 2.240€.
- Sie möchten Bitcoins zum Kurs von 2.239€ kaufen. Also wählen Sie den Limitpreis als 2.239€.
- Die Menge ergibt sich aus 1.000€ / 2.239€ = 0,446628.

In diesem Exempel wird die Order nur ausgeführt, wenn der Bitcoinkurs zurück auf 2.239€ sinkt.

Die ausgefüllte Auftragsmaske sollte nun ähnlich zu Abbildung 3.3 aussehen. Stellen Sie zusätzlich sicher, dass das Kontrollkästchen "Post Only" aktiviert ist.

Nach nochmaliger Überprüfung, bestätigen Sie Ihre finale Order mit einem Klick auf "PLACE BUY ORDER".

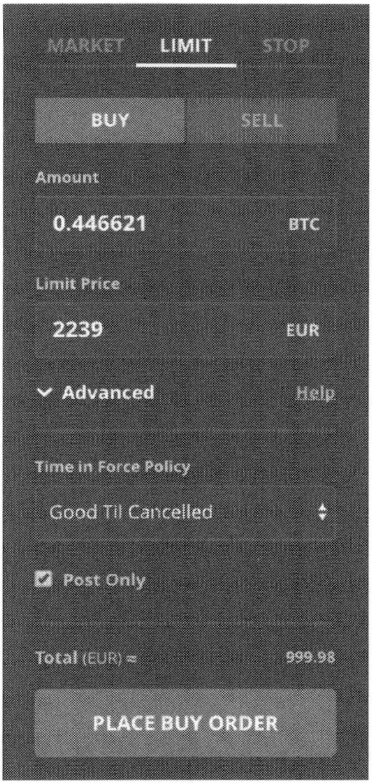

Abbildung 3.3: *Eingabemaske zum Kauf von Bitcoin mittels einer Limit-Order auf GDAX.*

4. Bitcointransfer von GDAX zu Bittrex

Nun sind Sie im Besitz von Bitcoins. Da GDAX unsere Zielwährung NEM nicht handelt, muss man eine Börse bzw. Trading-Plattform aufsuchen, die den Umtausch von Bitcoin zu NEM zulässt.

Die Methodik hierfür wurde in Kapitel 3 beschrieben. Eine der Optionen ist Bittrex, welche als Trading-Plattform das Währungspaar BTC/XEM führt.

Nach erfolgreicher Account Erzeugung, loggen Sie sich bei Bittrex ein und klicken auf die "Wallets" Schaltfläche. In folgender Ansicht sehen Sie eine Liste Ihrer Online-Wallets auf Bittrex für jede der geführten Kryptowährungen.

Suchen Sie Bitcoin in der Liste und klicken Sie auf das davorstehende Plus-Symbol "+". Ist dies das erste Mal, dass Sie Bitcoin auf Bittrex handeln, werden Sie vorerst aufgefordert eine neue Adresse zu generieren.

Wer sich noch an das Kapitel "Handeln mit Kryptowährungen" erinnert, weiß, dass es sich hierbei um den sogenannten öffentlichen Schlüssel bzw. eine Abkürzung des öffentlichen Schlüssels Ihres Bitcoin Online-Wallets handelt.

Diese Adresse brauchen Sie als Empfängeridentifikation für die Transaktion von GDAX nach Bittrex.

Abbildung 3.4: *Ermitteln der Bitcoin Empfängeradresse auf Bittrex.*

Nach Ermitteln der Zieladresse navigieren Sie zurück zur GDAX Plattform, auf welcher Sie linker Hand das Feld "Withdraw" auswählen. Das erscheinende Fenster sollte ähnlich aussehen wie in Abbildung 3.4.

Da Sie weder auf ein Bankkonto noch zurück nach Coinbase überweisen möchten, wählen Sie den Tab "BTC Address". Hier tragen Sie sowohl die Anzahl der Bitcoins ein, die Sie übertragen möchten, als auch die Empfängeradresse aus Bittrex.

Es ist zu empfehlen die Adresse nicht manuell abzutippen, sondern per Copy-Paste-Verfahren zu übertragen und im Nachgang nochmals zu überprüfen.

Wer eine solche Transaktion zum allerersten Mal durchführt, kann anstatt der vollen Bitcoinmenge mit einer kleineren Transaktion starten und beispielsweise nur 0.001 BTC übertragen. Kommt alles wie geplant auf Bittrex an, kann man mit mehr Sicherheit und ruhigerem Gewissen die Transaktion in voller Höher durchführen.

Sind alle Felder entsprechend ausgefüllt, kann die finale Transaktion mit einem Klick auf "Withdraw funds" ausgeführt werden. Beachten Sie bitte, dass Ihr Bitcoinguthaben nicht unmittelbar auf Bittrex verfügbar ist. Bitcointransaktionen dauern nach Angaben von GDAX ca. 30 Minuten.

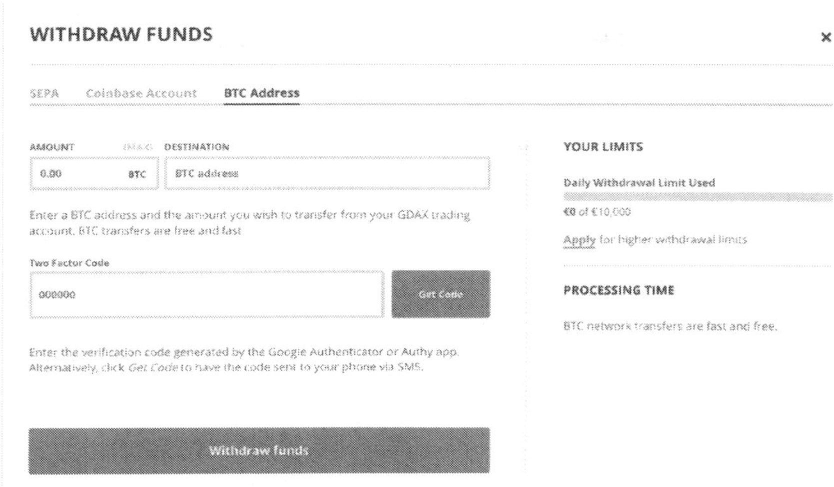

Abbildung 3.5: *Guthaben in Form von Bitcoin von GDAX abheben.*

5. Umtausch von Bitcoin zu NEM

Im letzten Schritt werden Sie die auf Bittrex angekommenen Bitcoins in NEM wechseln. Dazu wählen Sie im Bereich "Bitcoin Markets" das entsprechende Währungspaar BTC-XEM aus.

Nicht irritieren lassen, "XEM" ist das Kürzel für den NEM-Coin. Wie schon von GDAX gewohnt, sehen Sie nun Ihre Handelsansicht mit Kerzendiagramm, Orderbuch und Schaltflächen zum Kaufen und Verkaufen.

Tragen Sie wie in gewohnter Manier vom Bitcoinkauf, den Preis den Sie für einen NEM-Coin zahlen möchten und die Anzahl der zu erwerbenden Coins ein. Beachten Sie hier, dass die Angabe des Kaufpreises nicht wie vorher in Euro, sondern in Bitcoin gemacht wird. Nach dem Klick auf "Buy New Economy Movement", wird Ihnen vor der endgültigen Bestätigung nochmals eine Transaktionsübersicht angezeigt. Diese beinhaltet auch die Angabe der Provisionskosten die Bittrex für den Währungswechsel verlangt.

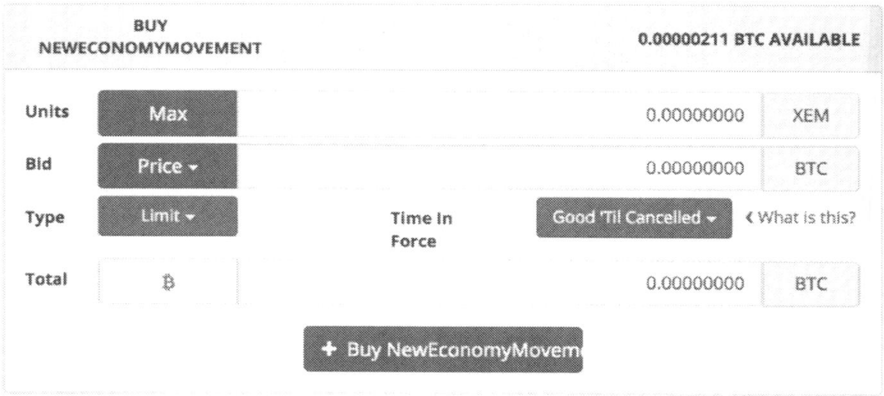

Abbildung 3.6: *Wechsel von BTC zu NEM auf der Bittrex Plattform.*

Krypto-Dave fragt: Wie entsteht der Wert einer Währung? Außerdem: Interview mit einem erfolgreichen Investoren

Wer begonnen hat sich mit den Kursschwankungen von BTC, LTC oder Dash auseinanderzusetzen, wird sich womöglich ebenfalls fragen, wie der Wert einer Währung generell entsteht.

Haben frühe Kulturen noch mit Dingen wie Kakao-, Tee- oder Salzgeld bezahlt, so hat man im Laufe der Zeit damit begonnen Münzen aus edlen Metallen wie Gold oder Silber zu prägen. Schon hier kann man eine leichte Veränderung des Wertzuspruches erkennen. So ist eine Verschiebung des Wertes von natürlichen Zahlungsmitteln, die eher noch im Stil eines Tauschgeschäftes stattfanden und im Endeffekt dem alltäglichen Nahrungsmittel dienten, hin zu einer Wertabstraktion, durch die Projektion auf eine Münze, erkennbar. Der tatsächliche Wert einer geprägten Goldmünze ist leichter nachvollziehbar, ist Gold doch ein seltenes und begehrtes Metall, das als Wertspeicher oder Tauschmittel anerkannt wird.

Im Laufe der Zeit änderte sich diese Abstraktion dahingehend, dass heute bedruckte Scheine als ein Zahlungsmittel anerkannt werden. Der materielle Wert dieser Geldscheine, welcher sich aus

Rohstoffen und Transporten, kurz den Herstellungskosten errechnet, entspricht nur einem Bruchteil des Handelswerts. Nach Angaben der Europäischen Zentralbank belaufen sich die Herstellungskosten für einen 500€ Schein auf ca. 16 Cent. Tatsächlich kann man sich mit 500€ aber einen sehr schönen Kurzurlaub über ein verlängertes Wochenende gönnen. Schaut man sich den Euro als Beispiel näher an, kann folgendes festgestellt werden:

Der Euro ist das gesetzliche Zahlungsmittel für Staaten innerhalb der europäischen Eurozone. Der sogenannte Binnenwert dieser Währung ergibt sich aus dem Bruttoinlandsprodukt der europäischen Wirtschaftszone. Das bedeutet, dass sich der reale Gegenwert des zugesprochenen Wertes des Euro, aus dem Gesamtwert aller Güter und Dienste innerhalb eines bestimmten Zeitraums in der Eurozone ergibt.

Um diesen Wert im Gleichgewicht zu halten, besteht die Aufgabe einer soliden Geldpolitik darin, die Gelddruckmaschine nur in dem Umfang zum Laufen zu bringen, wie das Bruttoinlandsprodukt steigt. Als Konsequenz einer Missachtung dieses Prinzips, würde es womöglich zu einer Inflation kommen, da das Verhältnis von realem Gegenwert zur verfügbaren Menge an Geld nicht mehr im Gleichgewicht ist.

Nun würde man folgerichtig denken, dass die Staaten nur dann daran interessiert sind Geld zu drucken, wenn auch das Bruttosozialprodukt steigt. Tatsächlich ist das Ganze allerdings wesentlich komplexer und es gibt nahezu nichts, das den Kurs einer Währung nicht beeinflussen könnte. Ein Beispiel hierfür ist die Schweiz. Hier wird auch Geld gedruckt, wenn es die o.g. Regel eigentlich nicht zulassen würde. Doch wie kommt es dazu? Ganz einfach: Da der Franken eine sehr solide und gegenüber anderen eine starke Währung darstellt, kann es für andere Europäer durchaus uninteressant werden die Schweiz als Urlaubsziel mit ihrer wunderschönen Berglandschaft zu genießen, da es einfach zu teuer ist. Für ein Bier 7€ oder eine Flasche Wein 60€ zu bezahlen, kann dann die Regel sein. Um dem Fortbleiben des starken Tourismus entgegenzuwirken, kann es hilfreich sein, eine Inflation des Franken durch das Drucken von Geld, ohne gleichzeitig steigendes Bruttoinlandsprodukt, herbeizuführen (siehe [34]).

Als eine weitere Komponente, die den Wert einer Währung beeinflusst, kann ein spekulatives Element benannt werden. Eines der bekanntesten Beispiele hierfür sind Hedgefonds, die sowohl auf den Anstieg als auch auf den Fall des Wertes einer Währung setzen.

Solche Spekulationen können sich äußerst schädlich auf Staaten und Währungen auswirken, was es nachvollziehbar erscheinen lässt, dass von einigen deutschen Politikern das Verbot solcher Hedgefonds gefordert wird.

Nachdem nun über den realen Gegenwert und ein spekulatives Element gesprochen wurde, soll ein weiterer Punkt aufgezeigt werden, nämlich die Nachfrage nach einer Währung. Wie bei allen Dingen dieser Welt bestimmen Angebot und Nachfrage den handelbaren Wert einer Sache.

In den 1960er Jahren waren in Deutschland hilfreiche Arbeitskräfte aus dem Balkangebiet als Gastarbeiter tätig, welche selbstverständlich in D-Mark bezahlt wurden. Da die D-Mark ein sehr stabiles Zahlungsmittel darstellte, entwickelte sie sich schnell zu einer Parallelwährung in den Heimatländern der Gastarbeiter. In der Republik Montenegro und im Kosovo war die D-Mark von 1999-2002 sogar ein legitimes Zahlungsmittel und Bosnien-Herzegowina koppelte 1998 seine "Marka" an den Kurs der D-Mark. Offiziell wurde hiermit der jugoslawische Dinar abgelöst, tatsächlich aber die D-Mark selbst, die auch hier das beliebteste Zahlungsmittel der vor Ort einheimischen Europäer darstellte (siehe [35]).

Wenn eine Währung selbst über ihre Grenzen ein gefragtes Zahlungsmittel darstellt, erhöht das die Nachfrage. Eine erhöhte Nachfrage schafft ebenfalls eine breitere Akzeptanz der Währung. Akzeptanz und Nachfrage sind somit zwei weitere wesentliche Punkte, die den Wert einer Währung beeinflussen.

Im Vorangegangenen wurde die D-Mark als ein innerdeutsches Zahlungsmittel beleuchtet, welches durch solide Geldpolitik, ein starkes Bruttoinlandsprodukt und eine hohe Nachfrage über die Landesgrenzen hinaus seinen starken Wert entwickeln konnte.

Was hat all das mit Kryptowährungen zu tun?

Es ist ein spannender Gedankengang den Wert einer Währung zu erörtern, die das Potential hat ein weltweites Zahlungsmittel zu werden, welches durch seine grundlegende Beschaffenheit auf eine bestimmte Anzahl limitiert ist und außerdem noch enorme ökonomische und ökologische Vorteile in sich birgt. Hierfür ist allerdings eine entscheidende Komponente nötig: Eine weitere Wertabstraktion weg von einem physischen Gegenstand wie einer Geldmünze oder eines Scheins, hin zu einer rein digitalen Nenngröße. Dies bedeutet nicht, dass es keinen realen Gegenwert zu erkennen gibt, da schließlich das Schürfen der Coins letztlich mit elektrischer Energie vollzogen wird, die aus Ressourcen kommt, die materiellen Ursprungs sind.

Alles in allem kann man mit Recht behaupten, dass Kryptowährungen ein großes Potential besitzen und sich spätestens seit dem Frühjahr 2017 im Mainstream begonnen haben Bekanntschaft zu verschaffen. Eines von mehreren Beispielen ist eine große Plattform, auf der deutschlandweit Essen bestellt werden kann. Diese akzeptiert seit Juli 2017 neben Barzahlung, Kreditkarte, Paypal oder Sofortüberweisung ebenfalls Bitcoin als Zahlungsmittel. Es kann nur eine Frage der Zeit sein, bis auch weitere Kryptowährungen wie Litecoin als alltägliches Zahlungsmittel akzeptiert werden.

Krypto-Dave im Interview mit einem Frühinvestor und heutigem Bitcoin-Millionär

Frage

Hallo R.J., vielen Dank für Deine Zeit! Wir freuen uns Dich heute hier in einem kleinen italienischen Restaurant in Wiesbaden treffen zu können, um dir einige Fragen zum Verlauf Deiner Investitionen zu stellen. Legen wir am besten gleich los.

Wie und wann hast Du das erste Mal von Kryptowährungen gehört und welche war deine erste Investition?

Antwort

Das erste Mal habe ich von Kryptowährungen durch einen anarcho-kapitalistisch geprägten Freund erfahren, der von der dezentralen Idee Bitcoins sehr angetan war. Dadurch wurde auch ich in das Konzept von Bitcoin eingeführt, was mich letztlich im Frühjahr 2013 dazu bewegte, bei einem damaligen Kurs von ca. 40€, 50 Bitcoins auf der Plattform Bitcoin.de zu erwerben. Diese befinden sich seitdem im Cold-Storage.

Frage

Hast Du einfach die Möglichkeit einer guten Investition gesehen oder hat Dich noch etwas anderes an Bitcoin gereizt?

Antwort

Definitiv gefiel mir vor allem die Tatsache der dezentralen Struktur an Bitcoin. Ein Zahlungsmittel in der Hand der Menschen und nicht einer zentralen Institution. Menschen können rein theoretisch gutes Geld mit dem Erwerb von Bitcoin verdienen, auch an Orten, an denen man keinen Zugang zu einem Bankkonto oder einer stabilen Währung hat.

Frage

Was kam als nächstes? Hast Du weiter investiert?

Antwort

Nach dem ersten $1.000 Spitzenwert von Bitcoin und dem darauffolgenden Abfall, habe ich ein wenig pausiert und mich anderen Themen gewidmet. Mein nächster Trade im Anschluss war Ethereum, in welches ich mit 10.000 € eingestiegen bin bei einem Kurs unter 1€/Ether. Ich erinnere mich noch, dass ich im ersten Jahr nach Wiedereinstieg in den Handel ca. 1800% Rendite erzielen konnte.

Später bin ich dann meist auf den Wellen der Höhen und Tiefen von Ethereum und anderen Altcoins geritten. Damit habe ich dann endgültig sehr viel Geld verdienen können.

Frage

Auf welcher Plattform hast Du damals gehandelt?

Antwort

Initial auf Cryptsy. Dieser Plattform wurde jedoch Veruntreuung vorgeworfen und tatsächlich habe ich damals sogar selbst ein paar Bitcoins verloren. Dieser Vorfall hat mich damals sehr enttäuscht und mit zum Entschluss geführt, die Kryptowährungen zwischenzeitlich beiseite zu legen.

Heute handle ich vorwiegend auf Poloniex. Ich bin Mac-User und verwöhnt von simplen User-Interfaces (lächelt). Bittrex ist mir zu unübersichtlich.

Frage

Hast Du Dich jemals mit dem Thema Mining befasst?

Antwort

Ja, im Jahr 2012 habe ich zusammen mit einem damaligen Freund aus einem bekannten Computer Club gemint. Ich habe auch hier ca. 10.000€ investiert. Er hat sich um den Technikkram gekümmert. Leider haben wir uns längerfristig nicht verstanden, also habe ich die Mining-Rigs auf eBay wieder verkauft. Aktuell finde ich Cloud-Mining sehr spannend, da man sich hierfür nichts selbst aufbauen muss. Ist gut für faule Leute wie mich (lacht)

Frage

Uns würde Dein aktuelles Portfolio interessieren. Kannst Du etwas preisgeben und uns deine Entscheidung erläutern?

Antwort

Ja klar, das kann ich machen. Neben den üblichen Verdächtigen bin ich vorwiegend in Ripple und Siacoin. In Siacoin hatte ich initial einen mittleren zweistelligen BTC Betrag investiert, bin allerdings vor kurzem zusätzlich nochmals mit ähnlichem Wert eingestiegen. Des Weiteren habe ich noch Anteile in Ethereum Classic, LBRY Credits und Ardor.

Frage

Wieso Siacoin? Interessiert Dich dezentrales Speichern von Daten? Siehst Du Vorteile gegenüber MaidSafeCoin oder StorJ?

Antwort

Ich habe geträumt, dass der Kurs auf 0,04€ gehen wird (lacht).

Nein, das ist mein Ernst, ich bin kein Techniktyp, ich bin beim Investieren sehr intuitiv. Das ist meine Art von Logik die ich mir mit der Zeit aufgebaut habe. Ich brauche ein gutes Gefühl und ein paar Eckdaten und dann schaue ich natürlich noch, dass der Kurs nicht gerade auf einem Höchststand ist. Wenn das alles passt, steige ich ein. Davon abgesehen, sehe ich dezentralen Cloud-Storage natürlich als eine gute Sache. Meine Daten gehen keinen was an. Ripple sehe ich in den nächsten ein bis anderthalb Jahren bei einem Euro pro Coin. Mehr kann ich dazu nicht sagen.

Frage

Bist Du bei einem der letzten ICOs mit eingestiegen wie z. B. EOS?

Antwort

Nein, die haben mich nicht interessiert. Wenn ich bei einem ICO mitmachen würde, dann nur mit vorheriger Fundamentalanalyse.

Frage

Du bist ja schon eine Weile in der Kryptoszene unterwegs, kannst Du uns abschließend noch etwas mit auf den Weg geben?

Antwort

Was das Investieren selbst angeht, lasst euch nicht entmutigen wenn ihr verliert. Die Erfahrungen sind es wert, genau genommen, genauso viel wert wie der Betrag, den ihr verloren habt (lacht).

Steigt ein, wenn der Kurs crasht und verkauft beim Hype. Ja ich weiß, das hättet ihr euch auch selbst denken können. Außerdem ist auch der Kryptomarkt saisonal geprägt. Sell in May and go away (lacht).

Kapitel 4: Mining

Was ist Mining?

Wie im Kapitel "Handeln mit Kryptowährungen" angesprochen, gibt es neben dem Kauf über eine Börse oder einen Broker noch eine weitere Möglichkeit an digitale Währungen zu gelangen, über das sogenannte Minen.

Der Begriff "Mining", zu Deutsch "abbauen" oder "fördern" von beispielsweise Gold oder anderen Rohstoffen, lässt sich sehr gut auf die digitale Welt übertragen.

Wie in der realen Welt, in der man nach Graben, Steinmeißeln o. ä. irgendwann mit dem Fund von Gold belohnt wird, ist es auch bei den Kryptowährungen der Fall.

Anstatt jedoch zu buddeln und zu hämmern, muss man schwierige kryptografische bzw. mathematische Aufgaben lösen. Löst man diese Aufgabe, wird man mit der jeweiligen Kryptowährung belohnt.

Aber warum das Ganze? Um dieser Frage auf den Grund zu gehen, wird am Beispiel Bitcoin und der darunterliegenden Blockchaintechnologie ein kurzer Blick auf das Prinzip und die Motivation geworfen.

Der ursprüngliche Grund, aus dem Bitcoin ins Leben gerufen wurde, war ein digitales Währungssystem zu erstellen, welches basierend auf gegenseitigem Vertrauen ohne Drittparteien oder Mittelsmänner funktioniert.

Betrachtet man beispielsweise eine Transaktion von Fiatgeld heutzutage, so gibt es immer eine zentrale Institution wie eine Bank, TransferWise, PayPal, VISA, etc., welche die Transaktion ausführt und welcher die in der Transaktion involvierten Parteien vertrauen müssen.

Dieser Mittelsmann verlangt nicht nur Geld für seine Dienste, sondern stellt auch ein zentrales Angriffsziel dar.

Bitcoin hingegen besteht aus einem verteilten, dezentralisierten Netzwerk an Teilnehmern, in dem jeder eine Kopie der aktuellen Transaktionsdatenbank verwaltet.

Diese Transaktionsdatenbank nennt man Blockchain, da nach einer bestimmten Zeit die Menge an neuen Transaktionen in einem Block zusammengefasst und an den jüngsten Block angehängt werden.

Jeder Guthabenstand und jede Transaktion ist öffentliches Wissen, das in der Blockchain gespeichert wird, vergleichbar mit einem Kassenbuch.

Die Teilnehmer dieses Netzwerks werden Miner genannt. Dabei handelt es sich nicht um menschliche Personen, sondern um Computer. Dies können Laptops, PCs, Server oder gar Farmen von speziell optimierten Hardwarebausteinen sein.

Zum Erzeugen neuer Blöcke und zum Validieren von Transaktionen, müssen die Miner sehr zeit- und rechenintensive

Probleme lösen. Der Teilnehmer, welcher zuerst eine Lösung gefunden hat, benachrichtigt den Rest.

Sind die anderen Teilnehmer mit der Lösung einverstanden, wird ein neuer Block erzeugt und an die Blockchain angehängt. Zusätzlich wird der erfolgreiche Miner mit einer gewissen Anzahl an Bitcoins belohnt.

Da die Anzahl an Minern im Netzwerk über die Jahre hinweg stark gestiegen ist und somit immer schneller Lösungen gefunden wurden, erhöht sich die Schwierigkeit der Berechnungen regelmäßig. Dies garantiert, dass der Zeitraum zwischen zwei neu generierten Blöcken im Durchschnitt konstant bleibt.

Die Miner sind als Teilnehmer in Netzwerken von Kryptowährungen essentiell, da ohne sie keine Transaktionen ausgeführt werden könnten. Für Ihren Dienst in Form von Rechenleistung, welcher sich in Zeit-, Hardware- und Energiekosten übersetzen lässt, bekommen die Miner Bitcoins bzw. Coins in der entsprechenden Kryptowährung.

Somit bietet das Minen eine Alternative zum klassischen Kauf von Kryptowährungen. Hierzu sollte man allerdings eine leichte technische Affinität mitbringen, da das Aufsetzen von Mining-Software oder gar dedizierter Mining-Hardware nicht trivial ist.

Außerdem ist zu beachten, dass die Anzahl an Coins mit der man entlohnt wird, in Korrelation zur erbrachten Rechenleistung steht. Will man schnell in eine Währung investieren und einen gewissen

Anteil erlangen, ist Mining oft zu langsam und somit nicht der geeignete Ansatz.

Ist Mining profitabel?

Diese Frage ist nicht pauschal zu beantworten, da die Antwort von einer Vielzahl an Faktoren abhängt. Kann man all diese Faktoren quantifizieren, so ist es eine einfache mathematische Formel, mit der man Aufwand und Ertrag gegenüberstellen kann. Im Folgenden werden diese Faktoren im Einzelnen betrachtet.

Berechnungsrate oder auch Hashrate

Wie im vorherigen Abschnitt besprochen, wird man im Durchschnitt proportional zu seinem Beitrag an Rechenkapazität im Mining-Netzwerk entlohnt. Die Rechenkapazität wird in der Einheit Hash pro Sekunde bzw. Mega-, Giga- oder gar Terra-Hash pro Sekunde angegeben. Sie gibt an wie viele der kryptografischen Funktionen, sogenannter Hashs, man innerhalb einer Sekunde berechnen kann. Je mehr, desto besser. In der Anfangszeit von Bitcoin konnte man noch mit seinem PC- oder Laptop minen und wurde aufgrund der geringen Gesamtkapazität des Netzwerks relativ häufig mit neuen Coins belohnt. Durch den drastischen Anstieg an neuen Teilnehmern und der Hashrate, wurden die Werkzeuge zur Errechnung neuer Blöcke der Blockchain immer ausgefeilter. Die meisten Miner nutzen optimierte Hardware wie Grafikkarten oder *ASICs* (*Application Specific Integrated Circuits*), welche für das parallele Berechnen von *Hashfunktionen* besonders geeignet sind und weitaus höhere Hashraten erzielen als herkömmliche Prozessoren.

Dennoch, selbst wenn man mit hoch optimierter Mining-Hardware arbeitet, ist es bei verschiedenen Coins wie Bitcoin und Ethereum nahezu unmöglich als einzelner Miner das Wettrennen gegen den Rest des Netzwerks zu gewinnen und einen neuen Block zu berechnen. Aus diesem Grund schließen sich Miner in sogenannten Mining-Pools zusammen, welche im Verlauf dieses Kapitels genauer erklärt werden.

Energiekosten

Ein wichtiger Einflussfaktor ist der Kostenpunkt für Strom und Kühlung der Mining-Hardware. Ob es nur der Prozessor des eigenen Rechners ist oder ein Verbund von Grafikkarten, die Kosten verhalten sich in Korrelation zur generierten Hashrate und sind deshalb nicht zu vernachlässigen. Personen und Unternehmen, die Mining im großen Stil betreiben, verschieben daher ihre Rechenzentren in Länder, in denen die Stromkosten vergleichsweise günstig sind.

Schwierigkeit der Berechnung

Als Beispiel wird hier die Kryptowährung Bitcoin genommen. Bitcoin ist so konzipiert, dass das Berechnen eines neuen Blocks ca. 10 Minuten dauert. Über die letzten Jahre hat Bitcoin extrem an Popularität zugenommen und entsprechend mehr Nutzer für sich gewinnen können. Durch diese zunehmende Anzahl an

Teilnehmern, ist auch die Rechenkapazität des Netzwerks gestiegen. Je höher die Rechenkapazität, desto schneller können neue Blöcke berechnet werden und das Intervall zwischen zwei Blöcken würde kontinuierlich sinken. Deshalb gibt es den Parameter “Schwierigkeit”. Alle zwei Wochen wird betrachtet, wie lange im Durchschnitt gebraucht wurde, um neue Blöcke zu kalkulieren. Ergibt sich dabei eine Zeit kleiner als 10 Minuten, ist dies indikativ für eine Zunahme an Rechenkapazität und resultiert in einer Erhöhung der Schwierigkeit.

Das Ganze geht aber auch in die andere Richtung. In der Vergangenheit gab es vereinzelte Zeitpunkte zu denen die Rechenkapazität geschwunden ist, meist aufgrund fallender Bitcoinkurse. In diesem Fall wurde die Schwierigkeit entsprechend verringert.

Durch diese Methode ist gesichert, dass die durchschnittliche Zeit, die es braucht, um einen neuen Block an die Blockchain hinzuzufügen konstant bei 10 Minuten liegt.

Belohnung pro neuem Block

Nach jeder Berechnung eines neuen Blocks werden eine gewisse Anzahl an Coins an den Gewinner, sprich den Rechner, der die mathematische Aufgabe am schnellsten gelöst hat, ausgeschüttet. Die Anzahl ist nicht immer konstant, sondern wird meist mit zunehmender Zeit kleiner. Für Kryptowährungen, welche als eigentliche Zahlungsmittel eingesetzt werden sollen, ist dies essentiell um einer Inflation vorzubeugen. Im Falle Bitcoin wird die Anzahl an ausgeschütteten Coins alle vier Jahre halbiert, bis die maximale Stückzahl von 21 Mio.

erreicht ist. Danach werden Miner typischerweise aus anfallenden Transaktionskosten vergütet. Der Plan ob und wann die Ausschüttungsmenge reduziert wird, ist bei jeder Kryptowährung von Anfang an definiert und im Programmcode niedergelegt.

Kurs der Kryptowährung

Ein sehr wichtiger Faktor ist der eigentliche Kurs der geschürften Währung. Da der Markt aktuell noch sehr volatil ist und Kurse extrem schwanken können, kann das Minen von heute auf morgen plötzlich mehr oder weniger profitabel sein. Typischerweise verhält sich jedoch die Gesamtrechenkapazität des Netzwerks in Korrelation zum Kurs. Steigt der Kurs, nimmt die Mining Popularität zu und macht es schwerer neue Coins zu gewinnen. Gleiches gilt in die andere Richtung. Ist man auf lange Sicht von einem Kursgewinn des Coins überzeugt, kann man das Minen auch als eine Art Investment betrachten. Hat man heute nur 0,1 Ether an Profit im Monat (in etwa 20€), könnte Ethereum in naher Zukunft bereits ein Vielfaches seines Kurses wert sein und entsprechend auch meine geminten Ether.

Zusätzlich fallen die Anschaffungskosten für Mining-Hardware an. Diese müssen neben den monatlichen Kalkulationen berücksichtigt werden, da sie den *Return on Investment (ROI*) ebenfalls beeinflussen.

Online lassen sich jede Menge Profitrechner finden, bei denen man die oben genannten Parameter einfügen und sich seine prognostizierten Erträge berechnen kann. Parameter wie Schwierigkeit oder aktueller Kurs werden meist automatisch ausgefüllt.

Einer der beliebtesten Kalkulatoren, der nicht nur für Bitcoin, sondern für weitere populäre Coins ausgestattet ist, kann auf CryptoCompare gefunden werden (siehe [12]).

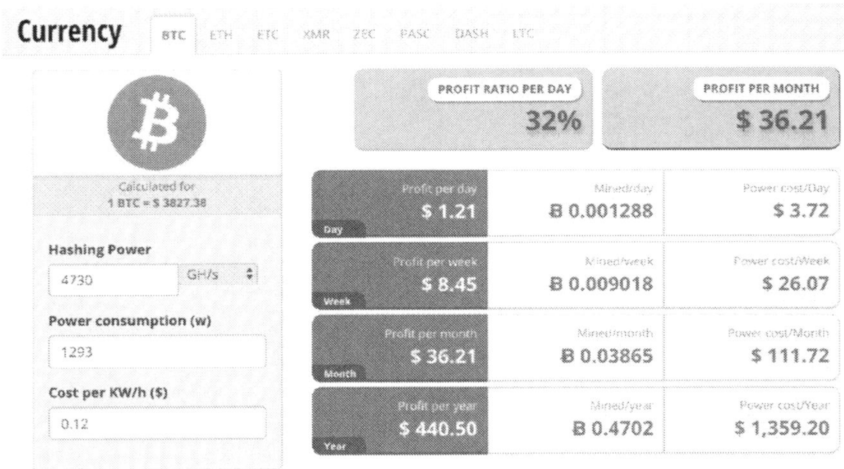

Abbildung 4.1: *Die Eingabemaske von CryptoCompare bietet aktuell die Möglichkeit Mining Erträge für acht verschiedene Kryptowährungen zu berechnen.*

Um herauszufinden, welche Hashrate ein bestimmter Prozessor oder grafischer Prozessor (GPU) hat, kann man die meisten Mining-Softwares in einem Testmodus laufen lassen und bekommt eine Annäherung der zu erwartenden, realen Hashrate. Besitzt man die Hardware noch nicht und möchte eine Kaufentscheidung treffen, gibt es auch hier wertvolle Ressourcen online, in welchen sich Benchmarks zu verschiedensten Grafikkarten finden lassen.

Der Stromverbrauch lässt sich aus den Datenblättern der jeweiligen Hersteller entnehmen.

Um es an einem konkreten Beispiel durchzurechnen, wird die Grafikkarte Radeon R9 390 X2 gewählt, die laut [13] eine Hashrate von ca. 58 MHash/Sekunde beim Minen von Ethereum erzielen kann. Basierend auf [14] liegt die Leistung bei etwa 580 Watt.

Der aktuelle Preis pro Kilowattstunde (kWh) in Deutschland liegt bei knapp 29 Euro-Cent, was momentan etwa 33 US-Cent ergibt.

Gibt man die Daten nun in den Kalkulator ein, kommt man zu einem monatlichen Ertrag von ca. 13,50 US-Dollar. Allerdings unter Betracht des aktuellen Ethereum Kurses, welcher kürzlich stark abgefallen ist. Zudem muss man anmerken, dass hierbei die Kosten zur Anschaffung der Grafikkarte nicht mit berücksichtigt wurden (siehe Abbildung 4.2).

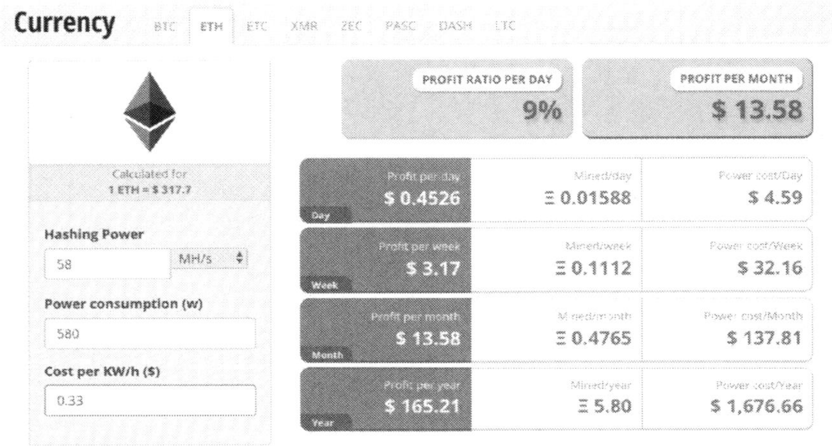

Abbildung 4.2: *Beispielhafte Kalkulation des Ethereum Mining-Ertrags der Grafikkarte Radeon R9 390 X2 unter Berücksichtigung des aktuellen kWh Preis in Deutschland, als auch dem Ethereum Kurs Stand heute.*

Mining Pools

Selbst mit einem leistungsstarken GPU, der mit einer Hashrate von 50MH/s kalkuliert, würde es bei der aktuellen Gesamtrechenkapazität von ca. 65.000GH/s (siehe [15]) im Durchschnitt Monate, gar Jahre dauern, bis man ein Rechenwettrennen für sich entscheiden könnte und einen neuen Ethereum Block generiert.

Der Gewinn ist mit fünf Ether pro Block vergleichsweise hoch, allerdings besteht die Gefahr sehr lange überhaupt kein Einkommen zu generieren. Dieses Risiko wird darüber hinaus durch die kontinuierlich anwachsende Zahl an Teilnehmern im

Blockchain Netzwerk und dem daraus resultierenden Anstieg der Gesamtrechenkapazität noch weiter verstärkt.

Berechnungen für Bitcoin oder andere populäre Kryptowährungen, welche derzeit dem *Proof of Work (PoW)* Prinzip zugrunde liegen, zeigen ähnliche Ergebnisse.

Will man dieses Risiko vermeiden und lieber einen kleineren aber dafür kontinuierlichen Einkommensstrom erzeugen, ist man bei den Mining-Pools besser aufgehoben.

Mining Pools bündeln die Rechenkapazität aller Beteiligten und treten im Netzwerk als ein großer, virtueller Miner auf. Durch das Aufsummieren der Hashingraten wird das Verhältnis zur Gesamtkapazität des Netzwerks größer und somit steigt gleichermaßen die Wahrscheinlichkeit, dass der Pool als Ganzes einen neuen Block berechnet.

Tritt genau dieser Fall ein und ein neuer Block wird vom Mining Pool erzeugt, werden die gewonnenen Coins über alle Pool Teilnehmer proportional zu deren Rechenbeitrag verteilt.

Steuert man eine Hashrate von 10MH/s zu einer Gesamtrate von 100 GH/s bei, so wird man mit 0,01% eines jeden vom Pool erzeugten Blocks belohnt. Der Pool Betreiber behält sich typischerweise eine Gebühr im Rahmen von 1% der generierten Coins ein.

Effektiv gesehen, kann man als Pool Teilnehmer sein Mining Einkommen von punktuellen, schwer vorhersehbaren Auszahlungen in einen gleichmäßigen, kleinen

Einkommensstrom umwandeln. Abbildung 4.3 zeigt die aktuelle Verteilung der Rechenleistung über die größten Bitcoin Mining Pools.

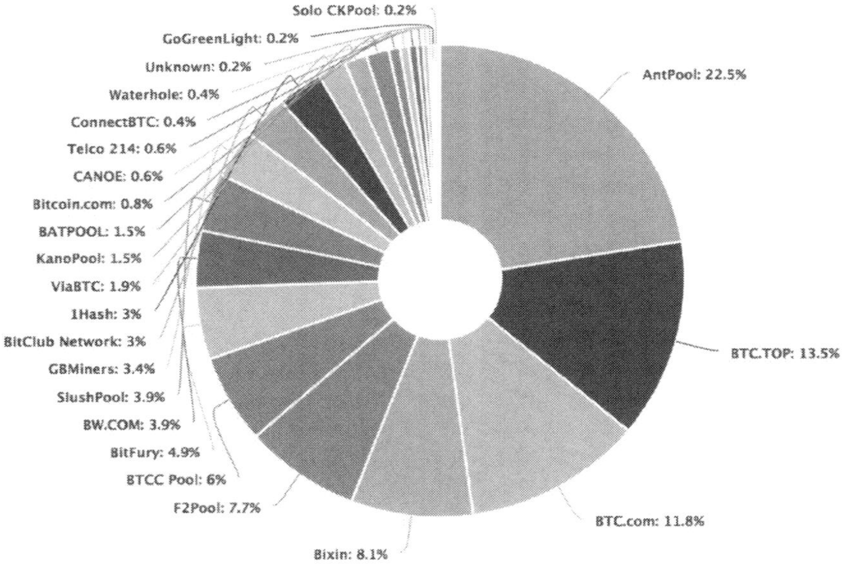

Abbildung 4.3: *Das Kuchendiagramm zeigt die aktuelle Verteilung von Rechenleistung über die größten Bitcoin Mining Pools (siehe [16]).*

Krypto-Dave fragt: Wie lässt sich indirekt mit Kryptowährungen Geld verdienen?

Indirekt mit Kryptowährungen Geld verdienen? Ja, das kann funktionieren. Beleuchtet man dafür geschichtliche Ereignisse, so können diese durchaus Inspiration für Ideen liefern.

Wer sich nun fragt, um was es sich hierbei handeln könnte, der befindet sich vielleicht unlängst in dieser Inspiration. Man kann diese Inspiration an den Beinen tragen, damit ausgehen, arbeiten und sich schützen.

Die Geschichte beginnt in einem europäischen Staat. Im heutigen Deutschland. 1829 wurde hier im oberfränkischen Buttenheim ein Europäer namens Löb unter ärmlichen Verhältnissen geboren. Seine Familie geriet in wirtschaftliche Not, als Löb mit 16 Jahren seinen Vater Hirsch, der an Tuberkulose verstarb, verlor.

Dieses tragische Ereignis bewegte Löbs Mutter Rebecca dazu, mit ihm und seinen zwei jüngeren Schwestern 1847 nach Amerika auszuwandern. In New York warteten bereits Löb's ältere Brüder, die dort einen Textilhandel betrieben (siehe [17]).

1853 folgte Löb dann dem Goldrausch nach San Francisco, um dort mit seinem Schwager und seinem Bruder ebenfalls einen

Textilhandel zu gründen. Neben Kleidung wurden auch Zahnbürsten, Knöpfe und weitere alltägliche Dinge gehandelt.

Doch nicht nur in San Francisco, sondern auch vor Ort bei den Goldschürfern verkaufte Löb seine Waren. Hier war er oft mit Stoffen und Zeltplanen ausgestattet, mit denen er seinen Handel betrieb.

Es dauerte nicht lange bis Löb feststellte, dass die Goldschürfer aufgrund der harten Arbeit sehr robuste Kleidung benötigten. Hier bekam er seine Inspiration, robuste Hosen für diese Männer anzufertigen. Nieten, die ursprünglich für Pferdegeschirr verwendet wurden, dienten der Verstärkung der Hosentaschen, worin die Goldschürfer Gesteinsbrocken transportieren konnten. Sie war erschaffen, die erste Version der Jeans.

Löb hieß mittlerweile übrigens Levi und sein Nachname lässt sich nun einfach erahnen: Strauss. Levi Strauss´ Geschäftsidee ist eines der populärsten und erfolgreichsten Beispiele, wie sich indirekt mit einem großen Ereignis Geld verdienen lässt. Das Patent für die verstärkten Hosentaschen wurde 1873 angemeldet und bereits am Jahresende verzeichnete man einen Verkauf von über 70.000 Hosen.

Wie lässt sich nun dieses geschichtliche Ereignis auf Kryptowährungen übertragen?

Ein aktuelles Beispiel hierfür ist die Tatsache, dass seit dem starken Kursanstieg der Kryptowährungen im Frühjahr 2017

Mining für z. B. Ethereum wieder interessant geworden ist. Um eine für das Mining brauchbare Grafikkarte zu bekommen, muss man teilweise lange suchen, da diese entweder ausverkauft sind oder enorme Wartezeiten bis zur Lieferung haben. Wer nun Mining selbst betreiben oder sich ausrechnen will, ob dies noch profitabel sein kann, der sei an dieser Stelle nochmal auf den Abschnitt "Mining" hingewiesen.

Diverse handwerkliche Bereiche und Industrien können nicht nur von reinen Kryptowährungen profitieren, sondern auch von deren Applikationen und Erweiterungen des Ökosystems. Dies bietet ein enormes Potential für neue, innovative Lösungen.

Beispielsweise das Bauhandwerk, in dem sich die Abwicklung von Aufträgen häufig verzögert, da erst nach dem Eingang von Abschlagszahlungen an gewissen Bauabschnitten weiter gearbeitet wird. Werden bestimmte Vorhaben der Arbeit fertiggestellt, ziehen Firmenchefs ihre Kolonnen oftmals von der Baustelle ab und es wird an einem anderen Ort weitergearbeitet.

Kryptowährungen könnten dies in Verbindung mit Smart-Contracts in Zukunft ändern, da nun ein Anruf genügt um den Auftraggeber über den Fortschritt zu unterrichten, woraufhin dieser wiederum eine Abschlagszahlung tätigen kann, welche dann innerhalb von Sekunden beim Auftragnehmer ankommt. In unserem Beispiel eines Bauhandwerkers kann dieser seine Mitarbeiter über die eingegangene Zahlung informieren, wodurch die Arbeiten unmittelbar weiter fortgeführt werden können.

Die Idee, mittels Smart-Contracts Bedingungen für ein Geschäft festzulegen, ist auch für Logistikunternehmen ein interessantes Thema. Hier könnten sich die Parteien vorher auf eine zu liefernde Ware einigen, welche dann bei der Anlieferung vom Entgegennehmenden unmittelbar kontrolliert wird. Ist die Ware im gewünschten Zustand, kann der Belieferte mit nur einem Knopfdruck im Beisein des Lieferanten die Überweisung mittels dem vorher konzipierten Smart-Contract tätigen. Basierend auf einer Kryptowährung wird der ausstehende Betrag binnen Sekunden auf das Konto des Dienstleisters überweisen.

Wie man sieht, lohnt es sich den Fokus nicht ausschließlich auf das eigentliche Ereignis zu richten, sondern auch die damit vernetzten und sich daraus ergebenden Potentiale zu ergründen und umzusetzen.

Kapitel 5: Checklisten für geplante Investitionen erstellen

Im Folgenden sollen Beispiele für Checklisten zur Einschätzung einer Investition gegeben werden. Diese Checklisten sollen zum allgemeinen Verständnis beitragen, welche Parameter bei der Beurteilung eine Rolle spielen können.

Einige der aufgeführten Punkte mögen anfangs nicht direkt verständlich sein. Dies ist durchaus gewünscht, da eine ernste Investition niemals ausschließlich auf Grundlage von Ideen anderer getätigt werden sollte. Das eigene Verständnis von der Geschäftsidee und dem Markt generell, ist die grundlegende Voraussetzung für eine erfolgreiche Investition. Unternehmen oder Geschäftsideen, die anfangs nicht begreifbar sind, sollten genauestens erörtert und verständlich gemacht werden.

Hierbei ist ein Blick in das i. d. R. auf der Internetseite veröffentlichte Whitepaper unablässig. Der Kern der Einschätzung ist die eigene Recherche. Beispiele und hilfreiche Tipps zur Vorgehensweise können durchaus gegeben werden, ersparen einem aber nicht die Recherche. Je mehr Informationen man sich aus verschiedenen Quellen zusammenträgt, desto eher kann man ein Vorhaben verstehen und einschätzen.

Oft wird daraus erst deutlich, welche Firmen- oder Geschäftsdaten für die Beurteilung relevant sind und welche u. U. nicht vordergründig oder gar irrelevant sind.

Einschätzung des Unternehmens & der Geschäftsidee

Um rationale Entscheidungen bei einer Investition treffen zu können, ist es nötig das Vorhaben anhand von überprüfbaren und faktisch vorzeigbaren Parametern beurteilen zu können. Hierzu hat es sich als außerordentlich hilfreich herausgestellt mit Checklisten zu arbeiten. Diese Vorgehensweise kann man selbst bei den bekanntesten und erfolgreichsten Investoren wie Warren Buffet finden.

Auch wenn man noch so euphorisch an ein Unterfangen herangeht und die Präsentation des Unternehmens äußert überzeugend ist, sprechen die Fakten manchmal eine andere Sprache.

Das Logo sieht seriös aus, die gesamte Internetpräsenz ist clean, übersichtlich und professionell aufgebaut. Aber gibt es ein einsehbares Whitepaper?

Die Rhetorik ist prägnant, leicht verständlich und es gibt sogar Qualitätssiegel von Bewertungsinstituten? Schön, aber das Bewertungsinstitut ist einer der größten Investoren und hat großes Interesse am Vorankommen des Unternehmens. Vielleicht ist die Geschäftsführung zwielichtig, kommt aus einer ganz anderen

Branche oder es sind nur sogenannte “Marketingspezialisten” im Team und keine Entwickler.

Manch andere Coins deuten bereits im Namen an, dass es sich nicht unbedingt um eine ernst gemeinte Geschäftsidee handelt (z. B.: Shitcoin [38]).

Ein Blick auf Investoren, die bereits in das Unternehmen investieren, kann sich lohnen. Sind große Firmen wie Microsoft an der Idee interessiert oder haben bereits investiert? In solchen Fällen kann es von Nutzen sein das Unternehmen bezüglich der angebotenen Technologie genauer zu betrachten.

Schnell wird klar, dass man Entscheidungen oft auf der Basis von an Sinneswahrnehmungen gekoppelten Emotionen trifft. Das ist nicht grundlegend falsch, jedoch lohnt es sich gerade beim Investieren die rationale Seite genauer zu beleuchten. Denn wie schon in der Einleitung erwähnt, ist es manchmal ein fließender Übergang zwischen Spekulation und Investition.

Checkliste für die Einschätzung der Geschäftsidee eines Unternehmens

Das Unternehmen hat:

	JA	NEIN
Keine offensichtlich bessere / günstigere Konkurrenz		
Eine detaillierte Webpage mit einsehbarem Whitepaper		
Eine Idee, die eine weitere Killer-Applikation sein kann		
Große bekannte Investoren wie renommierte Firmen		
Eine Preissetzung für das angebotene Produkt oder die Dienstleistung, die signifikant günstiger als von bereits heute etablierten Unternehmen ist		
Gute Fähigkeiten, ist in der Lage angebotene Produkte tatsächlich zu liefern oder hat es bereits getan. Ist das nicht der Fall, gibt es eine einsehbare Roadmap?		
Ein seriöses Auftreten und beim Unternehmensnamen handelt es sich nicht um einen Spaßnamen		
Potential sein Produkt an einem wachsenden Markt zu		

	JA	NEIN
etablieren		
Ein Produkt, das in Communities diskutiert wird und hat positive Rezensionen von seriösen Autoren		
Wachstumsoptionen durch nachfragende Märkte		
Keine Hindernisse bei der Marktbeitretung durch Gesetze oder Regulierungen		
Nachvollziehbare Grundsätze, die reell und langfristig nutzbar sind. Es wurde verstanden wie das Unternehmen Geld verdient		
Keine existentiellen Gefährdungen durch konkurrierende Firmen mit ähnlichen oder gleichen Produkten		
Genügend Ressourcen um laufende Geschäfte ohne extrem hohe Kosten in Gang zu halten		
Kann seine Produktpreise der Inflation anpassen		

Einschätzung des Teams

Bei der Beurteilung des Teams gilt es abzuschätzen, ob die richtigen Ressourcen mit an Bord sind, um die Idee erfolgreich umzusetzen und am Markt zu etablieren. Ein Konzept kann noch so innovativ sein, wenn es niemand realisiert, bleibt es bei einem schönen Gedankenkonstrukt.

Besteht das Team rein aus Entwicklern, kann man davon ausgehen, dass es nicht an der Umsetzung der Technologie mangeln wird. Sind die Entwickler jedoch auch in kommerziellen Themen bewandt genug? Sind genügend kaufmännische, vertriebstechnische und soziale Fähigkeiten vorhanden, um ein Produkt auf dem Markt zu etablieren?

Haben beteiligte Teammitglieder bereits in erfolgreichen Kryptoprojekten mitgewirkt und sind in der Szene als Experten angesehen? Wer ist das Team überhaupt? Um beispielsweise die Echtheit eines Teams generell zu überprüfen, bieten sich Tools an, mit denen eine "umgekehrte Bildersuche" gestartet werden kann. Bereits hier können sich hilfreiche Aufschlüsse ergeben.

Die Basis eines Teams sollten durchaus Entwickler darstellen. Darauf könnten kreative Köpfe folgen, die genügend Ideenreichtum mit sich bringen und sich ebenso Gedanken machen über die Vermarktung des Produkts wie beispielsweise das Logo, die Internetpräsenz oder allgemein gesagt, sich um die Public Relations kümmern.

Jedes erfolgreiche Team hat mindestens einen im Boot, der sich als Leitfigur und Sprecher des Unternehmens gibt. Er wirkt sympathisch und energetisch, um bei wichtigen Entscheidungen mittels seiner Wortgewandtheit anderen Kollegen den richtigen Weg unaufdringlich aufzuzeigen. Wenn es sein muss, hält er seinen Kopf für andere hin, denn er ist es, der die Last der Verantwortung zur Bürde nimmt.

Checkliste zur Beurteilung des Teams

<u>Das Team hat:</u>

	JA	NEIN
Seriosität und Erfolg bereits beweisen können		
Renommierte Mitglieder, die in der Szene bekannt und geschätzt sind		
Keine kriminellen Machenschaften in der Vergangenheit begangen oder wird mit solchen in Verbindung gebracht		
Genügend Ressourcen langfristig erfolgreich zu sein		
Eine Idee, die dauerhaft profitabel umsetzbar ist		
Fähige Entwickler		
Einen Plan sich und sein Produkt seriös und leicht verständlich zu verkaufen		

	JA	NEIN
Mindestens eine Person, die energetisch und entschlossen genug wirkt, das Unternehmen langfristig erfolgreich zu führen		
Mitarbeiter im Team, die in bekannten Kryptoprojekten bereits involviert waren		

Einschätzung des Coins als Währung

Als erstes muss eruiert werden, ob es sich bei einem Coin um eine reine Kryptowährung wie beispielsweise Bitcoin oder Litecoin handelt oder ob eine andere Geschäftsidee bzw. Applikation dahinter steckt, beispielsweise dezentrales Speichern von Daten wie im Falle von Siacoin oder verteiltes Berechnen von rechenintensiven Aufgaben wie bei Golem.

Im Folgenden wird behandelt, wie man bei der Beurteilung einer reinen Kryptowährung vorgehen kann.

Wie können Coins dahingehend geprüft werden, ob sie als Währung eine ernsthafte Chance haben sich durchzusetzen und von einer breiten Masse als Zahlungsmittel akzeptiert und vor allem genutzt werden können? Gibt es bereits Orte an denen der Coin als legales Zahlungsmittel verwendet werden kann?

In Anlehnung an herkömmliche Tauschmittel, seien dies Fiat- oder Giralgeld, Schecks oder sogenanntes Primärgeld, kann der Wert eines Coins ebenfalls an bestimmten Eckdaten beurteilt werden.

Ist die Stückzahl der Coins auf eine bestimmte Menge beschränkt? Sind die Coins dezentral von jedem zu minen, also schürfbar, oder wird ein großer Teil der Coins von dem Unternehmen zurückgehalten?

Dient der Coin den Menschen als werterhaltende Währung oder profitieren nur einige Wenige davon?

Wie sieht es mit Vorteilen gegenüber herkömmlichen Zahlungsmitteln aus? Transaktionszeiten und -gebühren sollten deutlich unter den bisherigen liegen und sich im besten Fall innerhalb der anderen Coins vom Durchschnitt abheben.

Auch die Sicherheit sollte nicht vernachlässigt werden, denn viel Geld zieht auch viele Kriminelle und Hacker an.

Ein besonderes Thema beim Investieren in Kryptowährungen stellen sogenannte ICOs dar. Diese werden später in einem gesonderten Kapitel behandelt.

Allgemein lässt sich sagen, je umfassender man eine Checkliste gestalten kann, desto eher kann man sich seiner Sache sicher werden. Checklisten zu erstellen ist keine einmalige Handlung. Sie sollten ständig erweitert, aufgefrischt und basierend auf erlebten Erfahrungen ausgefeilt werden.

Checkliste für die Einschätzung eines Coins

Der Coin ist:

	JA	NEIN
Nicht auf der Seite Badbitcoin (siehe [18]) gelistet		
Auf Coinmarketcap (siehe [19]) o. ä. Seiten gelistet		
Wertstabil und erreicht dies durch Seltenheit bzw. limitierte Stückzahl		
Einfach teilbar		
Bei Transaktionen schnell (im Vergleich zu anderen)		
Günstig zu benutzen, er hat niedrige Transaktionsgebühren		
Dezentral bei allen Transaktionen (Peer-to-Peer)		
Sicher und wahrt dies durch die verwendeten Verschlüsselungsverfahren für den Benutzer		

	JA	NEIN
Bereits heute in manchen Geschäften als Zahlungsmittel akzeptiert		
Auf renommierten Kryptobörsen handelbar (Bittrex, Poloniex,...)		
In seinen Kursschwankungen nicht auffallend unnatürlich		
Viel diskutiert auf verschiedenen Plattformen		
In verschiedenen Ländern als legales Zahlungsmittel akzeptiert		
In Puncto Sicherheit und potentiellen Schwächen für Hacks erprobt und bereits verbessert worden		
Für Bürger ohne besondere IT-Kenntnisse nutzbar		
In Investmentfonds enthalten		
Auf Bankkonten verzinsbar		
Auf eine maximale Stückzahl beschränkt		

Erkennen von Scamcoins

Wer beginnt sich mit Kryptowährungen zu befassen, wird früher oder später auf den Begriff "Scamcoins" treffen. Hierbei handelt es sich um betrügerische Banden, die versuchen den Benutzer mit großen Versprechungen zu bewegen in ihre Coins zu investieren, ohne eine seriöse Kryptowährung anzubieten. Weder die Technologie, noch die Verteilung der auf den Markt zu bringenden Coins, verhält sich korrelativ zu bekannten Kryptowährungen.

Oftmals handelt es sich bei der darunter liegenden Datenstruktur nicht mal um eine Blockchain, welche durch einfache zentrale Systeme wie relationale Datenbanken simuliert wird. Das Ziel ist nicht eine langfristig funktionierende und Mehrwert liefernde Kryptowährung aufzubauen, sondern kurzfristig Geld von unwissenden Investoren zu stehlen.

Badbitcoin (siehe [18]) stellt eine Art Blacklist von bereits als Scamcoins identifizierten Kryptowährungen dar. Befindet sich ein Coin in dieser Sammlung, ist von einer Investition strengstens abzuraten.

Auch ist oftmals kein Whitepaper einsehbar auf der u. U. sehr seriös aussehenden Internetpräsenz und nicht selten besteht das Team aus einigen "Marketingexperten", die bei genauerer Betrachtung jedoch keine IT-Kenntnisse nachweisen können.

Auch die Erstellung von gefälschten Profilen auf Karrierenetzwerken wie LinkedIn (siehe [20]) ist üblich, weshalb man nach weiteren Hinweisen zur eigentlichen Existenz der involvierten Parteien recherchieren sollte.

Letztlich sollte man auch hier wieder auf die eigene Recherche vertrauen. Bekannte Internetseiten wie z. B. Coinmarketcap geben nicht nur Aufschluss über die Marktkapitalisierung, sondern bieten zusätzliche Verweise zu Diskussionsrunden auf sozialen Kanälen wie Reddit oder Twitter, die oft Aufschluss über offensichtliche Risiken geben (siehe [21], [22]).

Ist ein Coin hier nicht gelistet, sollte man unmittelbar genauere Überprüfungen anstellen.

Falls nur wenige bis gar keine Diskussionen über den Coin auf bekannten Foren gefunden werden können, sollte man u. U. von einer Investition Abstand nehmen.

Jenseits der Foren bieten sich selbstverständlich die Suchmaschinen an, nicht nur in deutscher, sondern vor allem in englischer Sprache lohnt es sich nach Informationen zu suchen.

Checkliste zum Erkennen von Scamcoins

Der Coin ist:

	JA	NEIN
Nicht auf der Seite Badbitcoin (siehe [18]) gelistet		
Bei Coinmarketcap gelistet		
Auf der Blockchaintechnologie aufgebaut		
Dezentral verteilt worden und wird dies in Zukunft auch sein		
Auf Börsen wie Poloniex, Bittrex, o. ä. handelbar		
auf einer Internetseite beschrieben, auf der der Firmensitz in allen Angaben konsistent ist und sich in einem geregelten Rechtsstaat befindet. Vergleichen Sie Impressum und sonstige Hinweise zum Sitz.		
Nur vermarktet worden, sondern hat tatsächliche Errungenschaften aufzuweisen		
In einem einsehbaren Whitepaper beschrieben		

	JA	NEIN
In einer aktiven Community diskutiert, Foren weisen einen regen Austausch über Informationen auf		
Von glaubwürdigen Gründern ins Leben gerufen worden, über die legitime und brauchbare Informationen auffindbar sind		

Letztlich dienen alle der vorherigen Checklisten neben der Funktion zur Investitionsbewertung, basierend auf Geschäftsidee, Unternehmen und Team, auch gleichzeitig dazu Scamcoins zu erkennen.

Wer beginnt sich in die Thematik einzulesen, wird seine Checklisten andauernd verfeinern und ergänzen. Eine durchaus hilfreiche Technik, die wesentlichen Punkte, auf die es bei Investitionen zu achten gilt, permanent im Blick zu behalten.

Kapitel 6: Initial Coin Offering (ICO)

Wer sich in der Vergangenheit bereits mit Aktien und der Börse beschäftigte, hat mit großer Wahrscheinlichkeit bereits von dem Begriff "Initial Public Offering", abgekürzt *IPO*, gehört, welcher den initialen Börsengang eines Unternehmens bezeichnet. Bevor ein Unternehmen an die Börse geht, bekommen Investoren die Möglichkeit Aktien zu einem bestimmten Ausgabepreis (Emissionspreis) zu erlangen.

Ähnlich zu diesem Verfahren, gibt es in der Welt der Kryptowährungen ICOs.

ICO steht für "Initial Coin Offering" und stellt ein vergleichbares Finanzierungsmodell für Startups aus der Krypto-Szene dar, mit dem Unterschied, dass jeder investieren kann und nicht nur eine selektierte Anzahl großer Investoren.

Es wird daher oftmals mit dem Begriff *Crowdfunding* verglichen. Interessierte Investoren können "digitale Gutscheine", Tokens genannt, gegen Tausch von anderen Kryptowährungen wie Bitcoin oder Ether, aber auch Fiatgeld wie Euro oder USD von dem Unternehmen erlangen.

Der Anreiz für Investoren liegt darin, die Tokens zu oftmals sehr günstigen Preisen zu erwerben, gemessen am späteren, potentiellen Wert eines Tokens, sofern das junge Unternehmen langfristig erfolgreich ist.

Das gesammelte Kapital wird dann vorwiegend verwendet, um das geplante Kryptoprojekt zu finanzieren und weiterzuentwickeln.

Im Folgenden wird ein Beispiel auf Basis der Kryptowährung Ethereum aufgezeigt.

Vom 22. Juli bis zum 2. September 2014 konnte man im Presale 2.000 Ether für einen Bitcoin erwerben. Dies entsprach damals einem Wert von ca. 600 USD.

Zu aktuellem Kurs wäre diese Investition heute rund 400.000€ wert, eine Rendite von ca. 80.000%.

Eine vorherige, ausgiebige Recherche ist für eine möglichst lukrative Investition unabdingbar. Auch hier sei ebenso wieder auf die Gefahren hingewiesen, die solche Unterfangen mit sich bringen können. Da sich Unternehmen zum ICO Zeitpunkt oftmals noch weit entfernt von einem funktionierenden Produkt befinden und noch nichts nachweisen können, ist hier besondere Vorsicht gegenüber Scamcoins geboten.

Folgende Webseiten haben sich als hilfreich erwiesen, möchte man sich einen Überblick über laufende oder anstehende ICOs verschaffen:

- https://cointelegraph.com/
- https://www.icotracker.net/
- https://www.icocountdown.com/
- https://tokenmarket.net/

Krypto-Dave fragt: Wie sah die bisherige Geschichte von Bitcoin aus und welche Ereignisse haben den Kurs besonders beeinflusst?

2007

Die Geschichte beginnt mit einer Legende. *Satoshi Nakamoto* startete vermutlich im Jahr 2007 mit der Ausarbeitung des Bitcoin-Konzepts. Es gibt kontroverse Informationen darüber, ob der tatsächliche Entwickler von Bitcoin wirklich gefunden wurde und ob es sich um mehrere oder nur eine Person handelt. Ebenso ist unklar, ob der Name real oder nur ein Pseudonym ist. Was man weiß ist, dass Satoshi übersetzt so viel wie Weisheit aber auch Mitgefühl oder Intelligenz, sogar Heiliger bedeutet. Zwei der zu verwirklichenden Qualitäten im japanischen Zen-Buddhismus. Nakamoto wiederum ist ein sehr geläufiger Nachname in Japan.

Krypto-Dave fragt: Wie sah die bisherige Geschichte von Bitcoin aus und welche Ereignisse haben den Kurs besonders beeinflusst?

2008

Im November 2008 wird unter dem Namen Satoshi Nakamoto eine Mail in Umlauf gebracht, welche den Betreff "Bitcoin: A Peer-to-Peer Electronic Cash System" trägt.

2009

Im Januar veröffentlicht Nakamoto die erste Version der *Open Source* Bitcoinsoftware. Gleichzeitig werden zum ersten Mal Bitcoins generiert und herausgegeben. 50 Stück wurden im initialen "Genesis Block" veröffentlicht.

2010

Für umgerechnet 25 US-Dollar, zu der Zeit 10.000 BTC, bestellte sich im Mai 2010 ein Programmierer namens Laszlo Hanyecz zwei Pizzen. Die erste dokumentierte Transaktion mit Bitcoins war vollbracht. Das Datum dieser ersten Transaktion wird heute als der Pizza-Day gefeiert (siehe B1 in Abbildung 6.1, Quelle siehe [24]).

Im gleichen Jahr wurde die Plattform Mt. Gox, ursprünglich ein Ort für den Tausch von Sammelkarten, in eine BTC-Handelsbörse umgewandelt und stellte eine der wichtigsten Handelsplattformen für BTC dar.

Krypto-Dave fragt: Wie sah die bisherige Geschichte von Bitcoin aus und welche Ereignisse haben den Kurs besonders beeinflusst?

2011

Bitcoin knackt im Februar das erste Mal die 1 US-Dollar Marke. Ein symbolischer Meilenstein (siehe B2 in Abbildung 6.1).

Seit März ist es möglich BTC in Britischen Pfund auf Handelsplattformen zu handeln. Bitcoin Brazil ermöglicht den Handel in Brasilianischen Real, genauso wie BitMarket.eu den Handel in Euros erlaubt. Dies führte zu einer enormen Markterweiterung (siehe B3 in Abbildung 6.1).

Die Handelsplattform "Kraken" wird ins Leben gerufen.

Seit Juni diesen Jahres akzeptiert Wikileaks die Kryptowährung Bitcoin.

Im September wird das Magazin Bitcoin-Talk unter anderem von dem heute durch Ethereum bekannten *Vitalik Buterin* herausgebracht.

Auf der umstrittenen Internetseite Gawker.com wird im Juni ein Artikel über "Silk-Road" mit dem Titel "The Underground Website Where You Can Buy Any Drug Imaginable" veröffentlicht. Vermutlich realisierten hier einige, dass BTC einen tatsächlichen Wert habe, leider wurde dieser für kriminelle und illegale Geschäfte missbraucht.

Nur wenige Tage später wird Mt. Gox gehackt und es verschwinden ca. 25.000 BTCs, die zu diesem Zeitpunkt einen Gegenwert von rund 500.000 US-Dollar haben (siehe B4 in Abbildung 6.1, Quelle siehe [25]).

Im Oktober wird die zweite reine Kryptowährung “Litecoin” von *Charlie Lee* über einen Open Source Client auf GitHub veröffentlicht. Litecoin ist eine Fork von Bitcoin und unterscheidet sich im Wesentlichen in Schnelligkeit und Anzahl der zu schürfenden Coins. Sie wird als das Silber zu Botcoins Gold bezeichnet.

2012

Am 15. Januar 2012 wurde in der Serie “The Good Wife” eine ganze Folge dem Thema Bitcoin gewidmet (siehe B5 in Abbildung 6.1).

Mitte Februar muss Bitcoin mehrere herbe Rückschläge einstecken. Primär getrieben durch Regulierungsvorschriften und Befürchtungen, nicht im legalen Bereich zu agieren, stellen eine Reihe von Exchange Dienste ihr Geschäft ein (siehe [26]).

Im Juni wird die Handelsplattform “Coinbase” gegründet.

Wordpress akzeptiert neben weiteren 1.000 Geschäften Bitcoin.

2013

Im Februar meldet Coinbase, dass mehr als 1 Mio. Bitcoins zu einem Stückpreis von 23 US-Dollar gehandelt wurden (siehe B6 in Abbildung 6.1).

Bitcoin schreitet steil voran und knackt zum ersten Mal die 1000 US-Dollar Grenze (siehe B7 in Abbildung 6.1).

Krypto-Dave fragt: Wie sah die bisherige Geschichte von Bitcoin aus und welche Ereignisse haben den Kurs besonders beeinflusst?

Dem voran, gehen vermutlich zwei wichtige Ereignisse. Vor allem positive Beurteilungen von u. a. US-Senatoren, die Bitcoin als vielversprechend bezeichnen. Dies wird von der Direktorin der FinCEN, Jennifer Shasky Calvery in folgenden Worten ausgedrückt: "We want to operate in a way that does not hinder innovation." (siehe [27]).

Ein weiteres Ereignis ist die positive Äußerung der People´s Bank in China zu BTC. Man nehme an, dass BTC langfristig gesehen eine gute Perspektive als Kryptowährung habe (siehe [28]).

An der Universität von Nikosia, die sich selbst als Nr. 1 für Blockchain Unterricht bezeichnet, können seit November die Studiengebühren mit Bitcoins via Bitpay bezahlt werden (siehe [29]).

Im Zuge eines starken Preisanstiegs erreicht die neben Bitcoin größte, reine Kryptowährung Litecoin eine Marktkapitalisierung von 1 Mrd. US-Dollar.

Im gleichen Jahr am 1. Oktober wird der Betreiber von Silkroad, Ross Ulbricht, vom FBI verhaftet. Nicht nur der Betrieb der illegalen Webseite, sondern auch Auftragsmorde gegen Erpresser, werden ihm zur Last gelegt.

Am 5. Dezember verbietet die chinesische Regierung jeglichen Handel mit Bitcoin (siehe [30]).

2014

Im Januar wird bekannt gegeben, dass “The D Las Vegas Casino Hotel” und das “Golden Gate Hotel & Casino” Bitcoin als Zahlungsmittel akzeptieren.

Im Februar 2014 meldet die Handelsplattform Mt. Gox in Japan Konkurs an. Gleichzeitig wird in China diskutiert, ob der Handel mit Bitcoin verboten werden soll (siehe B8 in Abbildung 6.1).

Microsoft akzeptiert im Handel mit X-Box Spielen und Windows-Apps Bitcoin (siehe [31]).

2015

Am 26. Januar startet Coinbase den ersten in der USA genehmigten Coin-Exchange mit der Lizenz zum Handel in 25 US-Bundesstaaten.

Der ehemalige Betreiber der illegalen Seite “Silk-Road”, Ross Ulbricht, wird am 19. Mai zu lebenslanger Haft verurteilt.

Juni: Zum ersten Mal werden im Bundesstaat New York Regulierungen zu Kryptowährungen in der sogenannten BitLicense verfasst. Diese Lizenz ist nötig, um sich am Handel mit Kryptowährungen als Plattform zu beteiligen.

Mark Karpeles, der Betreiber der gescheiterten Plattform Mt.Gox, wird in Japan am 1. August verhaftet.

Krypto-Dave fragt: Wie sah die bisherige Geschichte von Bitcoin aus und welche Ereignisse haben den Kurs besonders beeinflusst?

2016

Der erste dezentrale Online-Marktplatz "OpenBazaar" wird am 4. April gelauncht und hat sich zum Ziel gesetzt, Handel ohne Mittelsmänner zu betreiben (siehe B9 in Abbildung 6.1).

Donald Trump wird im November zum 45. Präsidenten gewählt. Der gesamte US-Markt fällt über 1%. Ebenso der japanische und europäische, sowie der chinesische Markt erleiden Abstürze.

Bitcoin hingegen schießt innerhalb von 24 Stunden kurzzeitig um 5% in die Höhe, bevor sich der Kurs bei einem Plus von 2,5% stabilisierte.

Nach drei Jahren wird die 1.000 US-Dollar Marke erneut geknackt.

2017

Zwei Mal hintereinander wird im März ein Antrag der Winklevoss Brüder, einen an Bitcoin gekoppelten ETF (englisch: Exchange Traded Fund), zu Deutsch ein börsengehandelter Indexfonds, abgelehnt.

Am 1. April erlebt Bitcoin einen weiteren Meilenstein in seiner Akzeptanzgeschichte. Japan erklärt Bitcoin zu einem offiziellen Zahlungsmittel. Seitdem sind die Ereignisse bzgl. der Akzeptanz in schnellen Schritten vorangekommen. Eine Vielzahl an Geschäften akzeptiert BTC als Zahlungsmittel (siehe B10 in Abbildung 6.1).

Krypto-Dave fragt: Wie sah die bisherige Geschichte von Bitcoin aus und welche Ereignisse haben den Kurs besonders beeinflusst?

Erst in Polen, dann in Deutschland akzeptieren “Lieferando” und das polnische Pendant “Pyszne” Bitcoin als Zahlungsmittel.

Am 1. August findet ein sogenannter Hard-Fork statt, durch welchen sich die Bitcoin-Blockchain aufspaltet und es fortan zwei Bitcoinvarianten gibt: BitcoinCash (BCC) und Bitcoin (BTC).

Abbildung 6.1 (siehe Folgeseite): *Der Verlauf Bitcoins ab Januar 2011. Die gekennzeichneten BTC-Symbole zeigen wichtige Ereignisse in der BTC-Historie und deren Auswirkungen auf den Kursverlauf.*

Krypto-Dave fragt: Wie sah die bisherige Geschichte von Bitcoin aus und welche Ereignisse haben den Kurs besonders beeinflusst?

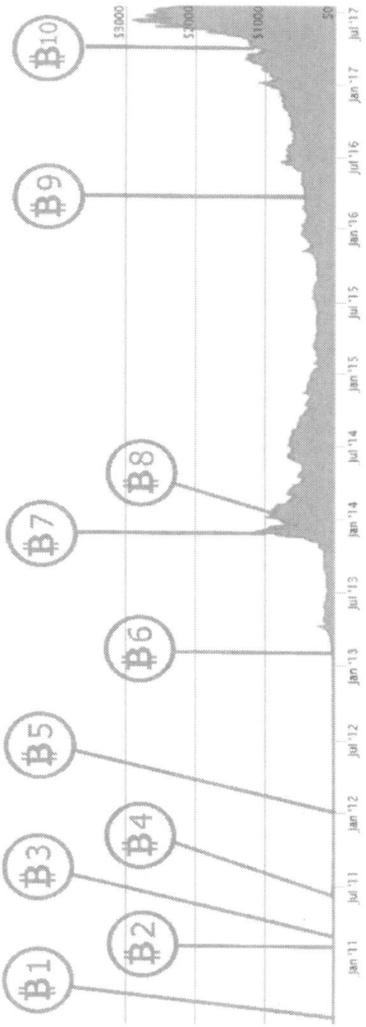

Kapitel 7: Steuern bei Kryptowährungen

In den vorangegangenen Kapiteln wurde erklärt, wie Sie auf verschiedenen Handelsbörsen Kryptowährungen erwerben, verwalten oder auch versenden können.

Ebenso wurde aufgezeigt, wie Sie sich Checklisten für die Bewertung von Unternehmen, Unternehmern und Coins erstellen können, um eine Investition abzuwägen.

Im idealen Fall werden durch gute Recherchen und der daraus entstehenden richtigen Investitionsentscheidung, lang- oder kurzfristige Gewinne erzielt. Nun stellt sich die Frage, wie solche Gewinne zu versteuern sind.

Die Bundesanstalt für Finanzdienstleistungsaufsicht (BaFin) und das Bundesministerium der Finanzen (BMF) beurteilen Kryptowährungen als Geld, da folgende Aspekte erfüllt werden:

- Kryptowährungen sind eine Recheneinheit
- Ein Tauschmittel
- Ein Wertaufbewahrungsmittel

Daher tritt § 23 Abs. 1 S. 1 Nr. 2 S 3 EStG ein, welcher besagt, dass nach einer Haltefrist von einem Jahr keine Steuern auf Gewinne abgeführt werden müssen. Um die eigentliche Haltefrist zu ermitteln, wird das sogenannte FIFO-Prinzip (First in, first out) angewendet. Laut diesem wird beim Verkauf immer der zeitlich am weitesten entfernte Kauf berücksichtigt. Haben Sie beispielsweise am 01.01.2017 zwei BTCs und am 01.05.2017 zwei weitere BTCs gekauft, wird beim Verkauf von zwei BTCs am 02.01.2018 die Haltefrist auf den frühesten Kauf angerechnet. Der potentielle Gewinn wäre somit steuerfrei. Es ist zu empfehlen, alle Transaktionen sorgfältig zu dokumentieren, um später eventuellen Problemen mit dem Finanzamt vorzubeugen.

Dies ist wichtig, da sich daraus Steuern von bis zu 45% ergeben können. Die Freigrenze beläuft sich derzeit auf 600€, entfällt jedoch komplett, sobald sie überschritten wird.

Die Kapitalertragsteuer wird fällig, wenn man Gewinne durch Zinsen auf Kryptowährungen erhält. Des Weiteren verlängert sich die Spekulationsfrist von einem auf zehn Jahre, ab dem Moment in dem Zinsen auf Kryptowährungen erwirtschaftet wurden. Siehe hierzu §23 Abs.1 S.1 Nr.2 S.4 EStG.

An diesem Punkt sei darauf hingewiesen, dass bei jedem gewinnbringenden Trade, der unterhalb der einjährigen Haltefrist liegt, Steuern anfallen.

Ebenfalls sind Steuern nach dem Zufluss-/Abflussprinzip in jenem Jahr zu entrichten, in dem Gewinne erzielt wurden.

Die Tatsache, dass man Gewinne bei einer Haltefrist von über einem Jahr erzielt, befreit nicht von der Pflicht der Meldung gegenüber dem Finanzamt. Die ausdrückliche Feststellung der Befreiung von Steuern geschieht ausschließlich durch das Finanzamt. Das heißt, in der Praxis müssen Trades mit Kryptowährungen, wenn Gewinne bei einer Haltefrist von einem Jahr erzielt wurden, trotzdem gemeldet werden.

Verluste aus privaten Veräußerungsgeschäften können mit Gewinnen aus solchen verrechnet werden.

Zudem sei darauf hingewiesen, dass diese Art der Besteuerung nur für Privatpersonen gilt. Gewerbetreibenden wird empfohlen Rücksprache mit ihren Steuerberatern zu halten, um die genaue Regelung zu erörtern.

Es sei ebenfalls auf die Plattform CoinTracking (siehe [33]) verwiesen, auf welcher eigens vom Unternehmer Steuer- und Portfolioberichte selbst erstellt werden können.

Eine weitere Möglichkeit mit Kryptowährungen Geld zu verdienen ist, wie im Kapitel "Mining" zu lesen war, das Schürfen von Coins. Hierbei ist zu beachten, dass Miner nach §15 EStG wie Gewerbetreibende behandelt werden. Man unterscheidet sich in seiner Tätigkeit also nicht von einem Bäcker oder Dachdecker, der ein eigenes Geschäft führt. Auf Miner ist somit ebenfalls das private Veräußerungsgesetz nicht anzuwenden. Beim Schürfen selbst ist jede Entstehung von neuen Coins ein Veräußerungsgeschäft, welches zur Steuerpflicht führt. Daraus wiederum folgt, dass hierdurch eine Einnahmenüberschussrechnung anfällt, evtl. sogar eine Bilanz bei entsprechender Größe.

In beiden Fällen können Betriebsausgaben wie Anschaffungskosten für Material, Miet- oder Stromkosten selbstverständlich gegengerechnet werden und entlasten somit die zu entrichtenden Steuern.

Eine Umsatzsteuer fällt allerdings nicht an. Dadurch, dass Miner umsatzsteuerfreie Einkünfte erzielen, fällt auf der Gegenseite auch der Abzug der Vorsteuer bei der Anschaffung von benötigtem Equipment aus.

Glossar

A

Application-specific Integrated Circuit (ASIC)

Ein integrierter Schaltkreis, welcher speziell für eine bestimmte Berechnungsaufgabe entworfen wurde und diese extrem performant ausführen kann. ASICs sind das Gegenstück zu herkömmlichen Prozessoren, welche weniger performant, dafür aber flexibel sind, was die Art der Berechnung betrifft.

B

Bid/Ask

Steht prinzipiell für Angebot und Nachfrage. Bid ist der Angebotspreis, zu dem ein Händler beispielsweise eine Kryptowährung erwerben möchte, wohingegen Ask den Nachfrage-, also Verkaufspreis darstellt. Bid und Ask stehen sich im Orderbuch gegenüber.

Bitcoin (BTC)

Sinngemäß "digitale Münze" ist das erste und populärste dezentrale, digitale Geldsystem, das aus der Blockchaintechnologie hervorgegangen ist und mit welchem man online Zahlungen tätigen kann. BTC wird als das "Gold der

Kryptowährungen" bezeichnet und ist auf eine Menge von 21 Mio. zu schürfenden Coins limitiert.

Bittrex

Ist eine Trading-Plattform, welche keine Fiatwährungen akzeptiert, dafür aber ein sehr großes Portfolio an Kryptowährungen bietet.

Blockchain

Zu Deutsch Blockkette ist eine als Datenbank fungierende Datenstruktur, deren Integrität (Sicherung gegen spätere Manipulation) durch Speicherung des Hashwertes des vorangegangenen Datensatzes im jeweils nachfolgenden gesichert ist. Dadurch entsteht eine kryptographische Verkettung.

C

Charlie Lee

Veröffentlichte 2011 die Kryptowährung Litecoin über einen Open Source Client auf Github.

Coinbase

Online Börse mit Möglichkeit Fiatwährung initial in Kryptowährungen für den weiteren Handel umzutauschen. Der Handel ist zum Erscheinen dieses Buches beschränkt auf Bitcoin, Ethereum und Litecoin.

Coinmarketcap

Bietet Informationen und Vergleichswerte zu aktuell gehandelten Kryptowährungen. Es lassen sich aktueller Kurs, Marktkapitalisierung, Trends, verfügbare Handelsbörsen sowie vieles mehr in Erfahrung bringen. Ein wichtiges Werkzeug für jeden Kryptohändler.

Crowdfunding

Auch als Schwarmfinanzierung bezeichnet, ist ein Finanzierungsmodell, bei dem sich eine Vielzahl von Personen an der Finanzierung eines Projekts oder Unternehmens mit ihrem Eigenkapital beteiligen können.

D

Derivat

Zu Deutsch "Ableitung". Stellt ein finanzielles Instrument dar, welches den Wert einer Referenzgröße ableitet und somit anstatt dem eigentlichen Gegenstand gehandelt werden kann. Will man beispielsweise Rohstoffe handeln, so möchte man nicht bei jeder Transaktion Gold, Öl o. Ä. von A nach B verschieben müssen.

E

Ethereum (ETH)

Eine Plattform zur Ausführung von Smart-Contracts, die auf einer öffentlichen Blockchain basieren. Als Belohnung für die zur Verfügung gestellte Rechenleistung wird die eigene Kryptowährung Ether abgekürzt ETH ausgezahlt. Von den Entwicklern wird diese jedoch eher als "Treibstoff für die Blockchain" bezeichnet (siehe [32]).

F

Fiatgeld / Fiatwährung

Ein gesetzliches Zahlungsmittel, welches selbst als Objekt keinen inneren Wert besitzt. Beispiele sind der Euro, US-Dollar oder das britische Pfund.

G

GDAX

Ist die Trading-Plattform von Coinbase. Der Handel ist zum Erscheinen dieses Buches beschränkt auf Bitcoin, Ethereum und Litecoin.

Google Authenticator

Eine Software zur Generierung von Authentifizierungscodes, welche zusätzlich zum herkömmlichen Passwort in Multi-Factor-Authentication Verfahren verwendet werden können.

H

Hash(funktion)

Zu Deutsch auch als "Einwegfunktion" bezeichnet, ist eine Berechnung, welche aus einem Startwert (z. B. Zeichenfolge, Zahlenwert o. ä.) einen eindeutigen Code generiert. Dieser Code hat die besondere Eigenschaft, dass man ihn nicht zurück in den ursprünglichen Startwert umkehren kann.

I

Initial Coin Offering (ICO)

Startups versuchen sich durch digitales Crowdfunding, abseits des regulierten Finanzmarktes, mit Kapital einzudecken. Interessierten Investoren wird hierbei die Möglichkeit gegeben, frühzeitig und zu einem besonderen Preis, Anteile des Unternehmens zu erwerben.

Initial Public Offering (IPO)

Der Börsengang eines Unternehmens. Investoren können Aktien zu einem bestimmten Ausgabepreis (Emissionspreis) erlangen.

K

Kraken

Trading-Plattform mit Möglichkeit Fiatwährung initial in Kryptowährungen für den weiteren Handel umzutauschen. Kraken bietet eine breite Auswahl an Kryptowährungen.

L

Limit-Order

Ein Kauf- oder Verkaufsauftrag, der nur bei Eintritt einer bestimmten Bedingung, typischerweise eines bestimmten Preises, ausgeführt wird. Bsp.: Kaufe fünf BTC sobald der Preis auf 1.000€ fällt. Die Limit Order wird ins Orderbuch eingetragen und verweilt dort, außer anders gewünscht, bis zur letztendlichen Ausführung.

Litecoin (LTC)

Eine Kryptowährung ähnlich zu Bitcoin. Litecoin unterscheidet sich vor allem in der zu schürfenden Menge an Coins (84 Mio.) und der Schnelligkeit der Transaktionen gegenüber Bitcoin. LTC wird oft als das “Silber der Kryptowährungen” bezeichnet.

Liquidität

Bezeichnung für den Zustand eines Marktes, in dem das Orderbuch kontinuierlich mit Kauf- und Verkaufsaufträgen gefüllt ist, sodass schnell gehandelt werden kann.

M

Maker-Trade

Angebot eine Kryptowährung zu einem bestimmten Preis zu kaufen oder verkaufen. Diese werden in das Orderbuch eingetragen und generieren demnach Liquidität auf dem Markt.

Market-Order

Eine Market-Order wird im Gegensatz zur Limit-Order direkt ausgeführt, basierend auf dem aktuellen Angebot im Orderbuch.

Marktkapitalisierung

Gesamtwert der Anteile eines börsennotierten Unternehmens bzw. einer Kryptowährung. Der Wert ergibt sich aus dem Produkt des Kurses und der Anzahl der sich im Umlauf befindenden Anteile des Unternehmens bzw. Coins.

Mining

Ist der Vorgang der Erzeugung neuer Kryptowährung durch Teilnahme am dezentralen Blockchainnetzwerk. In den meisten Fällen wird der Miner durch Beisteuerung von Rechenkapazität mittels Coins der jeweiligen Kryptowährung entlohnt (siehe Kapitel zu Mining).

Multi-Factor-Authentication

Zusätzliche Sicherheitsüberprüfung, die neben der herkömmlichen Passworteingabe einer weiteren Authentifizierung bedarf. Diese kann z. B. ein via SMS übermittelter oder tokengenerierter Code sein.

N

NFC/RFID

Eine Technologie, zur Kommunikation zweier Geräte über elektromagnetische Wellen, die sich in nächster Nähe voneinander befinden (maximal ca. 4cm).

Beispiele des Einsatzes der Technologie sind aktuelle Smartphones oder Kreditkarten, welche die Funktion des kontaktlosen Bezahlens ermöglichen.

O

Open Source

Der Begriff kommt aus der Softwarewelt und beschreibt ein Programm oder eine Sammlung von Programmen, deren Quellcode öffentlich einsehbar, verwendbar und veränderbar ist.

Orderbuch

Das Orderbuch wird von Börsen für jede gehandelte Kryptowährung geführt und enthält alle offenen Kauf- und Verkaufsaufträge. Aus dem Orderbuch wird der aktuelle Marktpreis ermittelt.

P

Peer-to-peer (P2P)

Netz aus einzelnen Rechnern, die innerhalb des Netzes alle gleichberechtigt zusammenarbeiten. Gleichberechtigt im Sinne, dass jeder Rechner den anderen Rechnern z. B. Funktionen, Dienstleistungen, Ressourcen anbietet und die der anderen im Gegenzug beziehen kann.

Kommunikation findet typischerweise direkt zwischen den beteiligten Knotenpunkten (Peers) statt und nicht über eine zentrale Stelle.

Poloniex

Ist eine Trading-Plattform ähnlich wie Bittrex, bietet ein sehr breites Portfolio an Kryptowährungen und erlaubt ebenfalls keine Einzahlungen in Fiatgeld.

Proof-of-Stake (PoS)

Im Gegensatz zu Proof-of-Work basiert die Entlohnung nicht auf der verrichteten Arbeit sondern dem aktuellen, verhältnismäßigen Guthaben des Teilnehmers.

Proof-of-Work (PoW)

Eine Methode, bei der die Durchführung von Arbeit in Form eines Rechenaufwands geleistet werden muss. Im Falle Bitcoin, ist das wiederholte Berechnen einer bestimmten Hashfunktion durchzuführen, bis ein bestimmtes Ergebnis erzielt wurde, das wiederum als Arbeitsnachweis fungiert und vom Netzwerk akzeptiert werden muss.

R

Return on Investment (ROI)

Eine Metrik zum Ermitteln der Rendite einer Investition, gemessen am Verhältnis zwischen Gewinn und eingesetztem Kapital.

S

Satoshi Nakamoto

Gilt als der Erfinder von Bitcoin. Es ist jedoch nicht geklärt, ob sich hinter dem Synonym eine Gruppe oder eine einzelne Person verbirgt.

Scamcoin

Frei übersetzt zu Deutsch “Falscher Fünfziger". Zu verstehen im abstrakten Sinne, als ein gefälschtes 50 Pfennigstück. Bei einem Scamcoin versuchen verbrecherische Banden durch gutes Marketing ein kompetentes, solides und aussichtsreiches Unternehmen in Verbindung mit einer zu erwerbenden firmeneigenen Kryptowährung vorzutäuschen. Mittels zweckentfremdetem (betrügerischem) Crowdfunding will man an Kapital potentieller Investoren gelangen.

Siacoin

Eine Kryptowährung, deren Applikation die dezentrale Speicherung von Daten darstellt.

Spread

Die Differenz zwischen dem höchsten Angebots- und dem tiefsten Nachfragepreis im Orderbuch nennt man Spread.

Stop-Loss

Beschreibt einen Schwellwert, welchen man sich als Händler setzt, um Verluste zu minimieren bzw. unter Kontrolle zu halten. Viele Trading-Plattformen erlauben das automatisierte Ausführen von Stop-Loss Aufträgen bei Eintritt bestimmter Bedingungen, ähnlich wie bei der Limit-Order.

T

Take-Profit

Ist das Pendant zum Stop-Loss. Will man zu einem bestimmten Zeitpunkt aus einem erfolgreichen Trade aussteigen, um einer erwartenden Trendwende vorzubeugen, redet man vom Take-Profit.

Taker-Trade

Wird durch Annahme von Maker-Trades aus dem Orderbuch ausgeführt. Das Angebot wird danach entsprechend aus dem Orderbuch gelöscht und die Liquidität effektiv verringert.

V

Vitalik Buterin

Ein russischer Programmierer und einer der Gründer von Ethereum.

W

Wallet

Eine digitale Brieftasche zum Aufbewahren und Verwalten von Kryptowährungen.

Glossar

Richard McFiat: Bitcoin, das ist doch dieses grauenhafte, anonyme Internet-Terroristengeld!

Krypto-Dave: Hey Richy, entspann dich, Bitcoin ist nicht ansatzweise so anonym wie dein Bargeld. Um nur mit einem Mythos über Bitcoin aufzuräumen, sei hier erwähnt, dass bei der Nutzung von Bitcoin an mehreren Stellen Spuren des Benutzers hinterlassen werden. Wer sich an den Verifikationsprozess beim Anmelden auf Handelsbörsen erinnert weiß, dass man hier seine Identität teilweise mehrfach bestätigen muss. Darüber hinaus ist jede Transaktion samt Sender- und Empfängeradresse unveränderlich in der Blockchain niedergelegt.

Glossar

Literaturverzeichnis

[1] https://www.usmint.gov/learn/history/historical-documents/coinage-act-of-april-2-1792

[2] http://www.zeit.de/zeit-geschichte/2011/01/Suedamerika-Gold-Silber

[3] https://www.etoro.com

[4] https://bitpay.com

[5] https://www.coinpayments.net

[6] https://geschimagazin.wordpress.com/2012/03/18/1611-der-salzkrieg-zwischen-bayern-und-salzburg

[7] https://de.wikipedia.org/wiki/Amole

[8] https://www.theguardian.com/technology/2013/nov/27/hard-drive-bitcoin-landfill-site

[9] https://trezor.io

[10] https://www.ledgerwallet.com

[11] https://www.keepkey.com

[12] https://www.cryptocompare.com/mining/calculator

[13] http://www.mininghwcomparison.com/list/index.php

[14] http://gpuboss.com/graphics-card/Radeon-R9-390-X2

[15] https://etherscan.io/chart/hashrate

[16] https://blockchain.info/pools

[17] Schaub, Hans (2011), Von Löb Strauß zu Levi Strauss, 1. Auflage

[18] http://badbitcoin.org

[19] http://coinmarketcap.com

[20] https://www.linkedin.com

[21] https://www.reddit.com

[22] https://twitter.com

[23] https://www.meetup.com

[24] http://www.coindesk.com/bitcoin-pizza-day-celebrating-pizza-bought-10000-btc

[25] http://www.zdnet.com/article/bitcoin-market-flash-crash-and-database-leak-from-mt-gox

[26] http://themonetaryfuture.blogspot.de/2012/02/paxum-exits-from-bitcoin-business.html

[27] https://www.hsgac.senate.gov/hearings/beyond-silk-road-potential-risks-threats-and-promises-of-virtual-currencies

[28] https://sinosphere.blogs.nytimes.com/2013/11/22/bitcoin-gets-a-cautious-nod-from-chinas-central-bank

[29] https://www.unic.ac.cy/study/admissions/financial-information/payment-options

[30] http://www.nytimes.com/2013/12/06/business/international/china-bars-banks-from-using-bitcoin.html

[31] http://www.zdnet.de/88263114/microsoft-akzeptiert-im-windows-10-store-keine-zahlung-mit-bitcoin-mehr-update-dementi

[32] https://de.wikipedia.org/wiki/Ethereum

[33] https://cointracking.info/

[34] http://www.faz.net/aktuell/politik/ausland/der-teure-franken-und-der-tourismus-13532975.html

[35] http://www.mdr.de/heute-im-osten/waehrung-d-mark-balkan100.html

[36] http://ogokuda.blog.fc2.com/blog-category-10.html

[37] Senf, Bernd (1997), Der Nebel um das Geld

[38] http://www.shtcoins.com

Literaturverzeichnis

23036028R00081

Printed in Poland
by Amazon Fulfillment
Poland Sp. z o.o., Wrocław